Pas maintenant

Wayson Choy

Pas maintenant

Récit traduit de l'anglais par Hélène Rioux

XYZ
éditeur

Catalogage avant publication de Bibliothèque et Archives nationales du Québec et
Bibliothèque et Archives Canada

Choy, Wayson, 1939-

    Pas maintenant

    Traduction de : Not yet.

    ISBN 978-2-89261-682-8

    1. Choy, Wayson, 1939-   — Santé. 2. Romanciers canadiens-anglais — 20ᵉ siècle
— Biographies. 3. Cardiaques — Canada — Biographies. I. Titre.

PS8555.H665Z534 2012   C813'.54   C2012-940088-2
PS9555.H665Z534 2012

Les Éditions XYZ bénéficient du soutien financier des institutions suivantes pour leurs
activités d'édition :
– Conseil des Arts du Canada ;
– Gouvernement du Canada par l'entremise du Fonds du livre du Canada (FLC) ;
– Société de développement des entreprises culturelles du Québec (SODEC) ;
– Gouvernement du Québec par l'entremise du programme de crédit d'impôt pour l'édi-
tion de livres.
Nous remercions le gouvernement du Canada de son soutien financier pour nos activités
de traduction dans le cadre du Programme national de traduction pour l'édition du livre.

Édition originale : *Not Yet*, Doubleday, 2009

Conception typographique et montage : Édiscript enr.
Maquette de la couverture : Zirval Design
Photographie de la couverture : Tim Hester Photography, shutterstock.com
Photographie de l'auteur : Robert Mills
Traduction : Hélène Rioux

ISBN version imprimée : 978-2-89261-682-8

Dépôt légal : 1ᵉʳ trimestre 2012
Bibliothèque et Archives nationales du Québec
Bibliothèque et Archives Canada

Diffusion/distribution au Canada :
Distribution HMH
1815, avenue De Lorimier
Montréal (Québec) H2K 3W6
Téléphone : 514 523-1523
Télécopieur : 514 523-9969
www.distributionhmh.com

Imprimé au Canada

www.editionsxyz.com

Pour tous ceux qui comprennent
que l'amour n'a pas de règles.

Ce n'est que dans l'imagination des hommes que chaque vérité trouve une existence réelle et indéniable. C'est par l'imagination, et non par l'invention, que l'on parvient à la maîtrise suprême de l'art de vivre.

JOSEPH CONRAD,
A Personal Record

Note de l'auteur

Tous les mémoires sont des essais créatifs et celui-ci ne fait pas exception à la règle. Afin de protéger la vie privée du personnel et des patients de l'hôpital et de respecter l'anonymat de certaines personnes, j'ai utilisé des noms fictifs lorsque c'était nécessaire et, pour rendre le récit plus fluide, j'ai modifié la chronologie et certains événements.

Wayson Choy
Toronto, 2008

Prologue

Ce jour-là, je quittais Toronto pour me rendre au Massachusetts. Sur le point de partir pour l'aéroport, je descendais péniblement l'escalier quand j'ai soudain éprouvé un picotement acide — une sensation de brûlure — à l'arrière de ma gorge, ce qui a déclenché une quinte de toux sèche. Ma bouche s'est tordue. Mes narines se sont dilatées. Ma tête s'est projetée avec la force d'un ouragan; quand j'ai éternué, j'ai eu l'impression que ma bouche explosait. J'ai grogné avec un bruit de clapotis comme un cochon de dessin animé. Le souffle coupé, j'ai cherché un mouchoir dans ma poche et, si quelqu'un avait été là, je me serais excusé en disant: «Désolé. *Allergies.*»

J'étais trop préoccupé par la date à laquelle je devais rendre mon roman — la date définitive qui marquerait la conclusion de trois années de travail. Il me restait un mois.

Quant à cette toux sèche, j'avais des quintes depuis environ deux mois, mais si je retenais mon souffle, contractais mes poumons et m'abstenais de bouger un muscle pendant au moins cinq secondes, je pouvais recommencer à respirer normalement.

Durant le mois de juillet 2001, la date de remise de mon manuscrit approchant, j'étais loin de penser que ces quintes fussent des signes d'ennuis de santé ou pire encore. C'est seulement dans les pièces de théâtre et les romans victoriens, dans les grands opéras, qu'un accès de toux laisse présager la fin. Quant à l'éternuement, il manque absolument de dignité funèbre.

Dans ma jeunesse, je croyais que je mourrais brusquement dans un grave accident de voiture ou de train. À la fin de la quarantaine, je pensais que je serais la victime d'un infarctus parce que je mangeais trop de viande frite et que je méprisais les légumes verts. Une décennie plus tard, j'attendais patiemment un signe de maladie dramatique : le cancer, par exemple, une congestion cérébrale ou encore le sida qui, au fil de ma soixantaine, m'avait arraché une douzaine d'amis très chers.

Mais je continuais à avoir de la chance.

À présent sexagénaire et sûr que je paraissais dix ans de moins, j'avais ce mantra : «Désolé. *Allergies.*» Je le répétais à quiconque se trouvait à proximité quand j'avais une quinte de toux rauque.

Les gens hochaient la tête avec sympathie. Certains disaient même qu'eux aussi avalaient de petites pilules pour engourdir leurs fosses nasales. Mais en juillet, les pilules ne faisaient plus aucun effet et, au cours d'un banquet à Pearl Court, les membres de ma famille élargie, Karl et Marie, Jean et Gary, se sont écriés en chœur : «Va voir ton médecin!»

⚮

Deux semaines avant mon départ pour ma retraite d'écriture estivale au Massachusetts, j'ai donc rendu visite à mon médecin et ami, l'homme que j'appelle docteur David.

«Tu as presque toujours eu une prédisposition asthmatique, Wayson», m'a-t-il dit. J'ai répondu en grommelant que toutes ces maudites allergies — à la poussière, au pollen, aux chats, aux chiens, aux crabes, aux huîtres, au smog — étaient vraiment une calamité.

David a haussé un sourcil.

Cela m'était égal, me suis-je empressé de préciser. Nous avions une chatte vieillissante nommée Belle, mais je

14

m'abstenais de la caresser. Oui, ma chambre était poussiéreuse, mais je n'en souffrais que lorsque j'essayais de balayer. Je passais religieusement l'aspirateur tous les cinq ans. J'évitais de manger certains fruits de mer, surtout ceux que je n'aimais pas.

«Et puis, ai-je ajouté, j'ai l'air conditionné dans mon logement au troisième étage.

— Procure-toi aussi un bon purificateur d'air, m'a répondu David. À présent que tu as atteint la soixantaine, tu es plus vulnérable. Tu es asthmatique.»

J'ai cligné des yeux.

«Asthmatique?»

David m'a patiemment expliqué, en termes médicaux, ce que cela signifiait dans mon cas. Il m'a montré des poumons de plastique coupés en deux; son attitude prévenante suggérait qu'il me prenait pour un patient très intelligent, quelqu'un qui l'écoutait d'un air absorbé et dont les yeux bruns chinois brillaient, comme s'il comprenait.

J'ai souri. J'ai même acquiescé d'un signe de tête tout en ne prêtant aucune attention aux explications médicales.

Si j'étais charmé par la préoccupation de David à mon sujet, par sa belle et jeune apparence et le professionnalisme de ses manières, je n'ai toutefois gardé de notre rencontre que ce fragment: «Oui, oui, Wayson, n'importe laquelle de tes allergies peut déclencher un grave crise d'asthme.»

Maudites allergies, ai-je pensé.

«Appelle-moi dès ton retour des États-Unis, m'a dit David en me tendant une ordonnance.

— Pourquoi?»

Il m'a gentiment serré l'épaule.

«Je veux t'envoyer voir un spécialiste.

— Oh! me suis-je exclamé d'un air reconnaissant. Eh bien, salue ta merveilleuse épouse et tes enfants de ma part.»

David m'a serré dans ses bras, comme il le fait parfois.

«Tu sais, Wayson, m'a-t-il dit en me raccompagnant à la salle d'attente, j'ai parlé à bien des gens de leurs graves problèmes de santé, mais tu es le seul qui garde son sourire. »

Dans la petite salle d'attente, quelques personnes assises sur les chaises rembourrées de chaque côté d'un aquarium ont levé les yeux. Sur les genoux de sa mère, un bambin s'amusait à entrechoquer des blocs alphabet.

J'étais en haut de notre escalier avec mes bagages : une serviette en cuir égratigné débordant de documents, un fourre-tout rempli de livres et deux valises pleines à craquer. Je n'avais plus la patience d'attendre que Karl vienne m'aider à les transporter.

Les quinze marches menant à notre entrée auraient sans doute découragé un homme de moindre envergure.

Réfléchis, me suis-je dit en trépignant d'impatience.

Un plan a surgi dans ma tête : j'ai inspiré profondément et baissé mon épaule gauche, puis la droite ; j'ai placé les courroies de mes deux plus petits sacs sur chacune de mes épaules et je me suis redressé. La grosse serviette contenait des manuscrits et des dossiers de recherche emballés dans des sachets Ziploc, des cahiers et des fiches ; le fourre-tout, un énorme sac de toile sur lequel était imprimé le visage de Mordecai Richler, lauréat du prix Giller, était rempli de plumes, de stylos et de crayons, de tampons encreurs représentant des dragons et des papillons, de gommes à effacer l'encre et la mine de plomb, ainsi qu'une brassée de livres de référence chinois. Les deux sacs ont claqué contre mes hanches comme s'ils contenaient du béton. Épaisse comme une ceinture, la courroie de la serviette s'enfonçait dans mon épaule. J'ai baissé les yeux vers le rez-de-chaussée à carreaux noirs et blancs. J'avais oublié de compter la dernière marche, le dernier pas avant d'atteindre le sol.

Seize marches.

Tout ce que j'avais à faire, me suis-je dit, c'était de fléchir un peu les genoux, puis de saisir les poignées de mes deux valises, de me tourner de côté, de les soulever et de négocier la première marche. Je me suis penché, j'ai compté jusqu'à trois et je me suis redressé. J'ai alors senti mes épaules et mes bras s'affaisser sous le poids de mes choses favorites : l'énorme valise contenait des livres de référence gros comme des dictionnaires et d'autres cahiers, un manuscrit de six cents pages, cinq dossiers de recherche et des coupures de presse. Dans la valise plus petite, j'avais mis mon fidèle ordinateur et mon imprimante portables avec tous leurs accessoires, et suffisamment de vêtements pour tenir deux semaines.

Mes jambes et mes bras sont devenus caoutchouteux.

Karl n'avait-il pas dit qu'il m'aiderait quand il aurait fini de charger la camionnette de Marie ? N'avait-il pas dit : « Wayson, je reviens dans dix minutes » ?

Non, je suis capable d'y arriver tout seul.

Je me suis redressé.

Je suis capable de le faire.

Ma toux s'est répercutée dans l'escalier et dans les pièces vides. J'ai vu les carreaux noirs et blancs du plancher se soulever et se mettre à onduler. J'ai entendu miauler dans la cuisine au rez-de-chaussée. Curieuse, Belle est arrivée en trottinant dans le couloir et s'est assise sur la première marche, agitant sa queue tigrée, pour voir ce que fabriquait le fou du grenier. J'ai haussé les épaules. Une toux insignifiante, ai-je pensé. *Allergies.*

Pas une minute à perdre. J'ai agrippé les valises et les ai soulevées plus haut. J'ai haleté et toussé un peu. J'ai retenu mon souffle, contracté mes poumons. La toux a cessé.

Mes bagages se balançant autour de moi, je me suis tourné de côté et mon pied a atterri sur la Marche numéro deux.

Cette satanée chatte n'a pas de manuscrit à remettre à une date précise, elle.

Mon pied s'est posé sur la Marche numéro trois et un éternuement soudain m'a fait perdre l'équilibre. Les deux valises ont violemment heurté mes jambes. La serviette et Mordecai Richler ont pivoté. Je me suis senti projeté vers l'avant. Mais le poids de la valise qui se balançait à ma gauche m'a renvoyé vers la rampe. J'avais le corps plié en deux.

Belle me regardait fixement.

Je me suis immobilisé quelques secondes pour voir si j'avais mal. Ne ressentant aucune douleur, je me suis redressé, trop vite. La courroie de ma serviette a aussitôt commencé à glisser de mon épaule, et la masse s'est écartée de moi. La chose a amorcé son vol de retour, résolue à percuter l'arrière de mes genoux ; j'ai chancelé. J'ai sifflé en montrant les dents, agrippé cette courroie de vieux cuir rêche entre mes incisives. Serrant les molaires, j'ai senti l'adrénaline se répandre en moi tandis que je replaçais cette lanière raide sur mon épaule. La mallette s'est de nouveau balancée vers l'arrière. J'ai tiré plus fort : elle s'est repositionnée en sécurité contre ma hanche.

Les trompettes de la jubilation ont résonné dans ma tête : *j'étais toujours debout.*

La mâchoire endolorie, le sang battant dans mon cou, j'ai remercié ma bonne étoile d'avoir encore mes incisives. Avec des prothèses, ç'aurait été une catastrophe.

N'empêche que j'aurais été libéré des dates butoirs. *Mais j'aurais perdu tout le reste*, ai-je pensé. *Non, pas maintenant*, me suis-je hâté d'ajouter.

Marshallin à Octavian :
« Il faut faire les choses légèrement, d'un
cœur léger, avec des mains légères pour
tenir et prendre, tenir et se dessaisir… »

RICHARD STRAUSS,
Der Rosenkavalier

Chapitre 1

Allongé sur le dos, j'ai essayé d'ouvrir les yeux.

Rien.

Je me rappelais une longue aiguille pointée vers moi, et un médecin, son visage masqué penché au-dessus de moi, sa voix calme, à la fois encourageante et étrangement monotone, qui me disait : *À présent, veuillez compter lentement à reculons à partir de cent,* et ma propre voix qui répondait faiblement : *Quatre-vingt-dix-neuf, quatre-vingt-dix-huit...* jusqu'à ce qu'un voile de sommeil tombe sur moi. Le rythme des sons entrait et sortait de ma conscience : le bip des appareils auquel se mêlaient des fragments de propos banals, des termes médicaux, des chiffres.

Pendant que j'étais sous sédatifs, je n'éprouvais qu'un semblant d'inconfort, mais aucune douleur. J'ai fini par essayer d'ouvrir les yeux et de voir la personne dont les doigts me massaient pour me faire reprendre conscience.

N'arrêtez pas, ai-je tenté de dire. Je me suis efforcé de prononcer une salutation venue de mon enfance à Chinatown : *Dix mille bénédictions de mes ancêtres aux vôtres !*

Si je découvrais que la personne qui me frictionnait le front était une inconnue, je pourrais même hausser les sourcils et chuchoter quelque chose sur la gentillesse des étrangers. Mais incapable de bouger, ne serait-ce qu'une paupière, je suis resté allongé là, conscient qu'on m'avait sauvé la vie.

Vivant, ai-je pensé.

J'ignorais combien de temps j'avais été inconscient. Trop faible même pour demander de l'eau, je suis parvenu à presser ma langue contre mes dents, mais je n'ai senti que la texture rêche et la forme recourbée du tube enfoncé dans ma gorge.

J'ai de nouveau tenté de parler, d'indiquer que j'avais conscience des doigts qui repoussaient mes cheveux, mais mes lèvres ne pouvaient même pas tressaillir. Mes efforts pour marmonner *merci, merci* se sont décomposés en un gargouillis silencieux dans ma poitrine. *Désolé*, ai-je pensé. *On dirait que je ne peux plus bouger.*

La main chaude qui me touchait a senti ma frustration ; le mouvement de la paume et des doigts s'est transformé en une caresse, comme pour chasser l'épais brouillard dans ma tête. Je n'avais qu'une certitude : j'étais encore à l'hôpital, victime d'une catastrophe, et quelqu'un se tenait à côté de moi. Pourtant, des voix venues de mon passé résonnaient faiblement, les avertissements rabâchés par mes parents et les aînés de Chinatown, leurs craintes devant ma vie de célibataire chantonnaient dans ma tête droguée, comme un chœur d'antique opéra.

Un jour, tu seras vieux et malade, et tu n'auras pas d'épouse pour s'occuper de toi, me grondaient les voix. *Tu dois absolument te marier, sinon tu n'auras personne !*

Pas de fils !

Pas de fille !

Tu mourras seul !

Les voix ne s'étaient tues qu'au moment où, âgé de vingt-trois ans, j'avais fait ce que de nombreux jeunes gens faisaient à l'époque et continuent de faire, consciemment ou non : j'avais quitté la maison pour entreprendre une vie où je pourrais découvrir mes propres valeurs. Récemment diplômé de l'UBC et inspiré par les discours de Martin

Luther King Jr, j'étais parti vers l'est en 1962 pour participer à une manifestation en faveur des droits civiques ; je m'étais rendu à Ottawa en auto-stop pour demander au premier ministre Lester B. Pearson de protéger également les droits de tous les citoyens, quelle que soit leur race. Quarante ans plus tard, j'étais toujours à Toronto, toujours célibataire, immobilisé dans un lit à l'hôpital St. Michael's.

Mais quelqu'un m'aimait suffisamment pour rester avec moi.

Je ne suis pas oublié, ai-je pensé. *Je ne suis pas seul.*

À l'aide d'un linge doux, la main a épongé les commissures de mes yeux, un geste si intime, si sûr, qu'il a chassé les voix anciennes.

Quand, luttant contre les effets de l'anesthésie, je me suis enfin réveillé, la main réconfortante n'était plus là. J'avais encore les yeux fermés ; ils ne voulaient pas s'ouvrir. *Il y a quelqu'un ?* J'entendais les bips assourdis des appareils qui contrôlaient les efforts de mes poumons asthmatiques. Tandis que je tentais en vain de soulever ma tête, j'ai senti les battements de mon cœur de célibataire. *Où sont-ils tous ?* J'ai essayé de bouger, mais je ne pouvais tourner la tête ni même lever un doigt. J'ai essayé de presser ma langue sèche contre mon palais. Le tube m'en empêchait. L'air goûtait le désinfectant. Je sentais et j'entendais les gens autour de moi, mais je ne pouvais pas les voir.

« Je dois serrer la pince et ajuster, disait une voix masculine. Apportez-moi la lampe. »

La lumière s'est allumée au-dessus de moi. Le halo orangé qui pressait contre mes paupières s'est transformé en une vision surréaliste de veines roses et rouges. Je me sentais impuissant, incapable d'appeler ou de saisir la main de quelqu'un. La même impuissance m'avait avalé quand j'avais vu ma mère, puis, cinq ans plus tard, mon père, trépasser silencieusement dans leur chambre d'hôpital. Les voix de Chinatown disaient peut-être la vérité. Pourquoi des gens seraient-ils là s'il n'y avait pas de liens du sang?

Tu te crois peut-être exceptionnel?

À quoi t'attends-tu?

Voulant combattre un sentiment croissant de terreur et la marée d'auto-apitoiement qui montait en moi, je me suis efforcé de jouer à un jeu dont je raffolais dans mon enfance. J'y avais joué durant ces années de guerre, quand les Japonais avaient envahi la Chine et que les nouvelles de la mère patrie s'étaient mises à affluer dans les pensions de Vancouver: j'étais alors un soldat sans peur et sans reproche. Je résisterais au pire. Le réseau lumineux de veines roses et rouges s'est fondu dans le noir et s'est transformé en bannières palpitantes.

Au début, je ne pouvais me rappeler clairement comment je m'étais retrouvé dans cette situation, à l'unité des soins intensifs, couché dans un lit, à lutter pour ma vie. Beaucoup plus tard, alors qu'on réduisait le dosage des médicaments, je me suis souvenu de la grave crise d'asthme qui avait comprimé ma poitrine en cette nuit humide du mois d'août où j'étais rentré de ma retraite d'écriture.

Je me suis rappelé comment, au lieu d'affronter mes symptômes, je m'étais plaint de l'air pollué de Toronto devant mes colocataires inquiets; quant à ma toux, je l'avais écartée avec ma théorie habituelle sur les rhumes d'été. Allergies. Un peu de repos me guérirait de tout.

« Tu ne respires pas normalement, m'avait interrompu Marie.

— Écoute-toi, avait renchéri Karl en imitant ma respiration sifflante.

— Je dois prononcer un discours d'ouverture demain », leur avais-je rappelé.

J'avais inspiré profondément et les avais dévisagés tous les deux, scellant mon sort. « Merci de vous inquiéter à mon sujet, avais-je poursuivi, surpris de leur parler si sèchement, mais trois cents enseignants seront là. »

J'avais monté les deux escaliers en trombe, puis, épuisé et tremblant, je m'étais aussitôt couché.

Au lieu de sombrer dans un sommeil réparateur, j'étais resté à moitié réveillé, à me retourner dans mon lit en haletant. À une heure et demie, des spasmes dans ma gorge m'avaient réveillé en sursaut. Je cherchais désespérément mon souffle. Heureusement, une montée d'adrénaline avait chassé mon vertige et j'avais repris mes esprits. J'avais vu clair : mes poumons lâchaient prise, et rapidement ; avec des soubresauts, ils étaient en train de paralyser. Ils s'effondraient. D'un coup de pied, j'avais écarté les draps et j'avais farfouillé à la recherche d'un pantalon et d'une chemise. Ma poitrine se comprimait : les membranes enflaient, mes voies respiratoires se rétrécissaient. À la recherche d'air, j'avais toussé si fort que j'avais heurté le mur.

Frénétique, j'avais rentré ma chemise dans mon pantalon et remonté la fermeture éclair. Puis, titubant dans l'étroit escalier du troisième étage, j'étais allé m'affaler contre la porte de la chambre de Karl et de Marie.

« Peux plus respirer, avais-je croassé. Vais aux urgences.

— Ne bouge pas ! avait crié Karl.

— On t'accompagne », avait hurlé Marie.

Je m'étais appuyé contre le mur, résolu à conduire moi-même. J'avais cherché la clé dans ma poche. La porte de la chambre s'était ouverte à la volée, mes deux amis s'étaient rués dans le dernier escalier tout en s'habillant et ils étaient sortis dans la nuit humide. Karl avait déverrouillé sa voiture et démarré le moteur. Après m'avoir guidé vers le siège du passager, Marie avait refermé la portière. Elle s'était assise à l'arrière et avait demandé si ma ceinture était bouclée. Karl avait tendu le bras. J'avais entendu cliqueter le mécanisme de fermeture.

Pendant que nous roulions dans les rues désertes, je m'étais soudain senti très calme et mes yeux s'étaient fixés sur le profil de Karl. Une pluie fine tombait, réfléchissant la lumière en gouttelettes qui coulaient sur ses joues. La première fois que j'avais vu ce beau visage, Karl avait dix-neuf ans et il entrait timidement dans ma classe de littérature et psychologie : six pieds deux, tout juste sorti de son village agricole de Creemore. À la fin du premier semestre, il s'était révélé un étudiant brillant et envisageait même de devenir écrivain. Nous nous étions liés d'amitié beaucoup plus tard. J'avais tenu sa main pour le remercier d'un travail de menuiserie qu'il avait effectué chez moi. Il était hétérosexuel, mais il avait laissé ma main s'attarder plus longtemps que j'aurais osé l'espérer. Quelques-uns de ses amis bien intentionnés l'avaient mis en garde contre des pédés comme moi. Il n'avait pas fait très attention à leurs propos : il était son propre maître. Plus simplement, il m'aimait bien. Par la suite, il m'avait montré des choses qu'il avait écrites. J'étais devenu son mentor, son ami.

Dans les années qui avaient suivi, j'avais vu Karl se débattre dans deux ou trois relations. Je lui avais carrément conseillé de quitter Marie — la dernière qui venait de voler son cœur. Cette femme n'arrivait pas à décider si elle devait vivre avec lui ou rompre. J'étais en vacances en Colombie-Britannique quand il m'avait téléphoné pour me demander conseil. À mes yeux, la situation ne semblait pas très prometteuse : après tout, cette femme faisait carrière dans le monde de la mode.

« Pose-lui un vrai ultimatum », avais-je dit.

À deux mille milles de distance, c'était facile pour moi de me montrer insensible. Ne comprenait-elle pas quel homme respectable et sincère il était ? La jalousie aux yeux verts me tenaillait : *Pourquoi ne peut-il être à moi ?*

« Dis-lui que si elle repart encore une fois, c'est fini. Oublie-la, Karl ! La vérité, c'est qu'elle ne t'apprécie pas », avais-je conclu sur un ton froid, vertueux.

Il avait répété mes paroles à Marie. Elle avait voulu connaître l'indiscret.

À mon retour à Toronto, Marie et moi avions décidé de nous rencontrer sans Karl, de nous affronter en terrain neutre. J'avais réservé une table dans un restaurant mexicain à l'angle des rues Carlton et Parliament. Elle était entrée et s'était présentée, belle et grande femme, parfaitement maquillée, les yeux brillants dans la salle éclairée aux bougies.

Une fois assise, elle m'avait dévisagé d'un regard dur pendant quelques minutes tandis que je lui disais combien elle avait de la chance que Karl fût si amoureux d'elle. J'avais renoncé à ma jalousie après les cinq premières minutes ; les mots s'envolaient tout seuls et je m'étais mis à chanter sans vergogne les louanges de Karl.

« C'est un des hommes les plus gentils et les plus généreux que je connaisse. »

Marie ne m'avait pas interrompu une seule fois. Elle avait déposé son verre de vin, m'avait jaugé. Ses yeux s'étaient radoucis.

« Vous l'aimez, vous aussi, avait-elle dit. Il doit en être digne. »

Le lendemain, j'avais conseillé à Karl de ne pas la perdre.

« Elle est sensée. Elle t'apprécie. »

Moi aussi, avais-je pensé.

Au cours des mois suivants, nous nous étions vus très souvent. Le soir, nous mangions mes côtelettes de porc marinées dans la sauce soya et croquions les fraîches salades de Marie en riant des blagues de Karl ; nous avions même envisagé la possibilité d'acheter une maison ensemble. L'été suivant, alors que le prix des maisons et des locations grimpait, qu'une demi-douzaine d'acheteurs potentiels convoitaient frénétiquement chacune des propriétés à vendre au centre-ville de Toronto, Marie et moi en avions déniché une qui nous plaisait. « Elle donne l'impression de porter chance », avions-nous pensé, et nous l'avions achetée à trois.

Un an plus tard, mon père de quatre-vingt-quatre ans, qui se mourait d'un cancer, était venu habiter avec nous dans la maison à retaper que nous avions acquise rue Saulter, à un lugubre pâté de maisons du repaire fortifié des Hells Angels. Karl avait aussitôt rénové une chambre et installé une salle de bains pour lui. Comme Marie attendait un enfant, ils avaient décidé de se marier. Avant que mon père ne quitte Toronto pour aller finir ses jours à Vancouver, j'avais pris une photo de lui, un sourire heureux aux lèvres, ma filleule Kate dans les bras. Juste avant son départ, il s'était avéré que la maison portait vraiment chance : j'avais gagné cent mille dollars à la loterie.

Vingt ans plus tard, nous habitions encore tous les quatre ensemble dans une maison plus grande à Riverdale. Kate était à Montréal à la recherche d'une chambre à la résidence universitaire de McGill. Et en cette chaude nuit du mois d'août 2001, Karl, Marie et moi, nous nous hâtions dans la nuit humide de Toronto. Entre mes halètements, avec la main de Marie sur mon épaule pour me retenir lorsque la voiture négociait les intersections à toute allure, j'entendais les roues couiner sous la pluie.

Après une embardée, nous nous étions arrêtés devant des portes coulissantes où l'on pouvait lire « Réservé aux urgences ». Après avoir détaché ma ceinture, Karl avait ouvert la portière de mon côté. Marie m'avait agrippé le bras avec ses deux mains et guidé vers la salle d'attente très éclairée.

Des heures plus tard, un jeune médecin a expliqué à Karl et à Marie que les médicaments qu'il avait administrés à leur ami durant les six dernières heures ne faisaient pas effet.

« Il est en très mauvaise condition. » Le médecin m'a regardé pour voir si, allongé sur ma civière dans une chemise d'hôpital, je comprenais ce qui se passait. « Syndrome de détresse respiratoire aiguë.

— Mes poumons me lâchent », suis-je parvenu à répondre.

J'ai essayé de rire, mais n'ai réussi qu'à émettre un son rauque.

Une infirmière m'a tendu un formulaire de consentement à une opération chirurgicale. Une autre a préparé une seringue. Karl et Marie se sont écartés. Personne ne souriait. À côté de la civière, un aide-soignant attendait le signal pour me transférer à l'unité des soins intensifs. Le stylo a erré sous la ligne où je devais apposer ma signature.

« Nous allons devoir vous intuber, m'a expliqué le médecin en me regardant fixement. Glisser un tube à l'intérieur de vos voies respiratoires. Vous serez sous sédatifs puissants jusqu'à ce que vos poumons aient récupéré.

— Combien de temps cela prendra-t-il ? a voulu savoir Marie.

— En moyenne ? S'il n'y a pas de problème, nous n'aimons pas prolonger plus de trois jours… Vous êtes d'accord avec ce que je viens de dire ? » a-t-il poursuivi en se tournant vers moi.

J'ai fait signe que oui en examinant le visage sombre de Karl, puis celui de Marie, et celui de Mary Jo, mon amie intime, venue à ma demande. Du dos de la main, j'ai essuyé le coin de ma bouche et j'ai essayé de prendre une grande respiration.

« Je veux que vous sachiez, ai-je dit après avoir inspiré à moitié, que je vous aime tous beaucoup. »

Mary Jo a froncé les sourcils.

« On n'a pas besoin de savoir ça maintenant.

— Bien, ai-je haleté, c'est juste au cas où. »

J'ai levé la tête, tenant à rappeler à Karl que je devais prononcer un discours d'ouverture ce matin-là. *Ai-je apporté mon veston d'été ? Une chemise propre ?*

« Ne t'inquiète pas », a-t-il répondu.

« Allons-y », a dit le médecin, et l'infirmière s'est avancée avec une longue seringue. « Cela facilitera les choses, monsieur Choy. »

Quelques secondes avant que l'aiguille ne s'enfonce dans mon bras, j'ai entendu le jeune médecin me dire : « Nous ferons tout ce que nous pouvons pour vous. »

Merci, ai-je voulu répondre. Mais je n'ai eu qu'une seconde pour me sentir déconcerté par toute cette attention inutile.

Quelqu'un m'a glissé un oreiller sous la tête.

En fermant les yeux, j'ai entendu grincer la civière métallique qui m'emmenait. Les grincements sont devenus la voix de ma mère. J'avais de nouveau cinq ans et une équipe médicale me préparait pour l'ablation de mes amygdales. *Maintenant, maintenant, tu dois être un soldat courageux*, me criait ma mère en dialecte de Tai Shan. Et avant que la drogue puissante n'ait fini d'anéantir mon cerveau, les larmes avaient inondé son doux visage.

Après être resté des jours englouti dans un brouillard noir, le brave soldat s'est réveillé. Pour la deuxième ou troisième fois — ou peut-être la dixième —, j'ai lutté pour demeurer vigilant et, chaque fois que je retrouvais quelque conscience, je constatais que j'étais relié à d'autres appareils de contrôle, d'autres goutte-à-goutte, que d'autres électrodes étaient appliquées sur ma peau. La plupart du temps, je ne voyais rien; d'autres fois, j'apercevais des images brouillées, des têtes et des torses déformés, des mains qui bougeaient autour et au-dessus de moi.

«Je suis contente de vous voir réveillé, monsieur Choy», me disait chaque fois une infirmière. Je remuais, confus, j'ouvrais les yeux en état de panique et j'essayais de parler ou d'avaler. Une explication suivait aussitôt: un tube — un dispositif robuste — avait été glissé dans ma gorge pour gonfler mes poumons et les inonder d'oxygène.

«N'essayez pas de parler, me disait la femme. Dans quelques minutes, vous ne sentirez plus le tube. Reposez-vous, monsieur Choy.»

Je sombrais de nouveau dans le noir, réconforté par le bruit des pulsations. Je percevais des bribes de conversation entre Marie et les médecins. Gary et Jean — ma famille de la campagne — étaient là eux aussi. Gary a prononcé mon nom. Quelques secondes plus tard, Jean a murmuré quelques mots — *Oh! Wayson, Wayson* — puis a fondu en larmes.

Une autre personne est arrivée. J'ai essayé de plier mes coudes pour me soulever et l'accueillir, mais ils ont refusé de bouger. J'ai tenté de tourner ma tête. Inutile. J'avais l'impression que mes bras et mes jambes étaient creux, sans muscles ni tendons.

Je ne peux même pas bouger un doigt.

J'étais allongé comme un mannequin dont le crâne en néoprène rigide était exposé, rempli de questions. *Ai-je dit merci? Est-ce que je porte ma nouvelle chemise? Mes cheveux ont-ils été peignés?* Puis, en entendant les dispositifs de sauvetage qui sifflaient et pompaient, cliquetaient et sonnaient, je me concentrais de nouveau sur ma propre fragile mortalité.

Je suis fou, pensais-je. *J'agonise et je m'inquiète de mes cheveux.*

À certains moments, pendant les onze premiers jours et nuits où j'étais sous sédation, des questions pratiques entraient et sortaient de ma conscience. Depuis combien de temps étais-je étendu là? Combien de jours avais-je perdus? Combien d'heures à sombrer dans des demi-rêves qui formaient des ballons de dessins animés cauchemardesques? Non seulement la réalité quotidienne avait glissé hors de ma conscience, mais le temps avait été vaincu.

Debout devant les imposantes portes de la vie, j'ai levé les yeux vers un énorme temple de pierre aux piliers géants ornés de serpents crachant du feu, des créatures ressuscitées des histoires que racontaient les aînés de Chinatown. À côté de moi, la mort au crâne de squelette souriait; ses doigts osseux tenant fermement mon poignet, elle cherchait à m'attirer dans son étreinte. J'ai réussi, je ne sais comment, à lui arracher ma main et à m'enfuir.

Ai-je peur de mourir?

Non, ai-je répondu, surpris de ma réponse. *Non, je n'ai pas peur.*

Au lieu de trembler comme le lion peureux, j'ai imaginé mes poings brandis comme des bâtons de kung-fu, mon visage aussi féroce que celui d'un guerrier dans un opéra cantonais, un soldat audacieux avec toutes ses armes, trop fier pour supplier, même devant les portes de la vie. Mes cellules grises clignotaient, lucioles dans la nuit profonde. Des voix m'appelaient : une infirmière ou un médecin me demandait de lever un bras, d'émettre un son, de hocher la tête ; une voix familière me donnait des nouvelles du monde extérieur. J'aurais tant voulu me lever et rentrer chez moi, simplement me redresser et me libérer des tubes intraveineux, des fils pour ECG, et du cathéter qui me liait à mon lit.

Est-ce que ce serait très difficile ?

J'ai essayé d'avaler. Je me suis étouffé. J'ai essayé de presser ma langue contre le tube. J'ai ouvert la bouche aussi grande que je l'ai pu, poussant du fond de ma gorge pour éjecter l'intrus. Je me suis assis. Les bips de l'appareil se sont faits plus insistants.

« Retenez-le ! » a crié une voix.

Des mains robustes m'ont forcé à me recoucher. Des courroies ont été secouées. Tirées. Poussées et fixées. Des aiguilles, des seringues ont été agitées et enfoncées. Des tubes et des cathéters ont été ajustés. Le respirateur artificiel s'est mis à pomper et à pousser. Des calmants plus puissants ont commencé à faire effet. J'ai perdu mon désir de bouger et de repousser les choses. Les serpents crachant le feu, les portes immenses ont disparu. Je suis descendu dans une sourde noirceur.

« Quelles sont ses chances, docteur ?

— Cinquante pour cent. »

Au loin, les gens se sont écartés de mon lit. Les quelques atomes qui restaient de moi se sont endormis.

Chapitre 2

Longtemps après, quand j'ai voulu retracer ce qui s'était passé pendant cette première semaine de crise, j'ai demandé des copies de mes dossiers médicaux à l'hôpital St. Michael's. Ceux-ci ont révélé qu'en plus d'avoir subi une grave crise d'asthme, j'avais également souffert de «troubles cardiaques multiples».

Avant de m'intuber, l'équipe de l'unité des soins intensifs m'avait plongé dans un coma artificiel pour empêcher que je m'étouffe quand le tube serait inséré.

Afin d'éviter que mon cerveau ne subisse des dommages, on m'a gardé dans un semi-coma. Un jeune interne désigné pour me veiller me posait des questions pour contrôler mon état fragile.

«M'entendez-vous, monsieur Choy?»

Je hochais la tête. À peine.

À cause de la demi-douzaine d'opiacés et de substances chimiques qu'on m'injectait ou qui coulaient goutte à goutte dans mes veines, je glissais entre la demi-conscience et des vagues de profond sommeil narcotique. C'était une tâche délicate que celle de garder un asthmatique de soixante-deux ans en sédation, un état de stupeur calmante à seulement une ou deux couches des frontières d'un coma mortel.

Quelques années plus tard, quand j'ai interviewé le jeune médecin — le docteur Steve — dans la cafétéria de St. Mike's pendant son heure de lunch, il m'a rappelé comme il souriait quand je répondais à ses questions, particulièrement quand je hochais la tête et que j'agrippais, même faiblement, ses doigts tendus.

«Après le troisième jour, il y a un véritable risque de subir un traumatisme cérébral.»

Mes poumons étaient encore faibles, mais le troisième jour, ils ont paru s'améliorer. Le docteur Steve se souvenait du soulagement de l'équipe.

Puis les choses sont devenues intéressantes. Le calendrier et l'horloge ont disparu. Souffrant de delirium des soins, j'ai commencé à avoir des hallucinations. Quelqu'un me volait des verres d'eau; un chien noir aux yeux jaunes entrait pesamment et me léchait la main avec sa langue épaisse. Des pensées obsédantes bondissaient et glissaient dans un bol maculé de vaseline: *Avais-je signé un contrat pour aller en Chine tourner un film sur Confucius?*

Oui, tu l'as signé, répondait Confucius dans un anglais impeccable, puis son antique visage disparaissait.

Une nouvelle question surgissait: *Avais-je un rendez-vous pour souper?*

Une savoureuse bouchée de bœuf touchait ma langue. J'en goûtais la saveur salée, mais j'étais incapable de l'avaler.

J'ai ouvert les yeux. À travers une brume jaunâtre, j'ai essayé de distinguer Marie, mais je n'ai vu que des formes sombres qui se déplaçaient chaque fois que je bougeais la tête. Je me demandais où Marie et Mary Jo étaient allées. J'ai essayé d'appeler Karl pour lui demander de me ramener à la maison. Mais les muscles de ma gorge n'ont fait que se raidir autour du gros tube du respirateur artificiel. Je n'ai pu émettre aucun son.

Personne n'a répondu.

Autour de moi, les appareils continuaient leur bip-bip. Incapable d'ouvrir entièrement les yeux ou même de cligner des paupières pour chasser la brume, j'ai tenté de lever mes doigts, de faire un geste pour indiquer que j'avais besoin d'aide. J'ai essayé de lever mon bras, de remuer mes jambes. Mes membres ont refusé de bouger.

Pourquoi ne pas m'abandonner? Pourquoi ne pas sombrer?

Les substances chimiques qui coulaient dans mes veines ont commencé à dissoudre ma conscience. Mes paupières se sont fermées. Ma mâchoire s'est relâchée. Tandis que je m'éclipsais, j'ai entendu quelqu'un demander: «Vous m'entendez, monsieur Choy?»

Après une absence éternelle, un mouvement rapide — un frottement contre le matelas — m'a réveillé. À travers mes cils plus épais que nature, comme un extraterrestre souffrant de strabisme, j'ai aperçu Gary et sa femme, Jean. Blottis l'un contre l'autre, ils étaient debout à côté de moi, et Jean pleurait. Gentil, barbu, Gary s'accrochait à elle. Il a tendu la main et touché mon front.

Je n'étais pas seul!

Ma famille est là, ai-je pensé. Une étendue de gazon d'un vert éclatant est soudain apparue devant les yeux de mon esprit, et j'ai été projeté vingt-six ans en arrière. J'attends que Gary s'approche. Il avance à grands pas vers l'endroit où je suis assis; il a de nouveau vingt-cinq ans, il est souple et bronzé, paraît solide dans son short kaki. Avec son visage buriné, sa barbe, il ressemble à un Viking en maraude. *Quelqu'un a de la chance,* me dis-je. À l'invitation du directeur de l'école, il accepte joyeusement de prendre une chaise de jardin et de se joindre à nous.

«Comment est la saison de chasse, Gary? demande le directeur.

— Très bonne, répond-il. Mais c'est mon entraînement à l'armée qui passe en premier cet été.»

J'apprends qu'il est réserviste, un lieutenant, qu'il fait partie des Forestiers Grey et Simcoe, un régiment du corps blindé. Je me demande ce qu'il pense des pacifistes dans mon genre.

J'ai posé ma candidature pour un poste d'enseignant et le directeur aux cheveux blancs m'a convoqué pour une entrevue. En fait, parce que j'ai un diplôme et que Gary n'a pas encore terminé ses études, je passe cette entrevue dans le but de remplacer Gary. On ne m'a pas informé de cette situation saugrenue. Après tout, cela ne me regarde pas. Je suis venu au village de Durham afin d'échapper au stress causé par ma récente promotion chez MacLaren : le succès dans une grosse agence publicitaire torontoise ne m'amuse plus, ne me satisfait plus.

À la demande du directeur, Gary me pose quelques questions afin de mettre en lumière mes talents de prof d'anglais sans expérience. Son rude vernis cache un côté plus doux : il aime ses étudiants.

«... et c'est comme ça que j'enseignerais Steinbeck, conclus-je. En leur racontant assez l'histoire pour les accrocher et les inciter à lire le livre.»

Ce qu'il entend doit lui plaire. Il rentre directement chez lui et dit à Jean : «Fais les bagages. On s'en va.»

Il ne perd pas son poste. À la dernière minute, le conseil reçoit l'autorisation d'inaugurer un programme commercial. Le contrat de Gary est renouvelé.

À Toronto, deux semaines avant le début des cours, je reçois un coup de fil. Gary se demande si j'ai un endroit où habiter à Durham. Je n'avais même pas pensé à emballer mes choses. Aimerais-je louer une chambre chez lui et sa famille ?

«J'ai deux enfants, m'informe-t-il. De trois et quatre ans. Ils sont un peu, eh bien, turbulents. Pouvez-vous vivre avec...

— Le loyer. Combien demandez-vous ? »

Je me dis que, pendant ce premier mois, j'aurai le temps de trouver un logement pour moi tout seul. Combien de temps peut-on composer avec deux bambins ? Il mentionne un montant ridiculement bas, inimaginable à Toronto. Pour cette somme, j'aurai une chambre, mes draps seront changés une fois par semaine, je pourrai me servir de tous les appareils, partagerai un bureau, aurai l'usage de la cuisine et du salon, et j'aurai droit en plus, *si cela me convient*, à la cuisine de Jean.

« Je suis preneur.

— Mais les enfants sont parfois passablement agités, peut-être que vous…

— Non, ça va. Je tiens cependant à vous prévenir que je suis pacifiste.

— Est-ce une religion ?

— Non, mais je travaille avec les Quakers à des questions de droits civiques. Pouvez-vous le tolérer ?

— Hé ! Pourquoi pas, si vous êtes capable de cohabiter avec deux enfants ? »

Après avoir vécu deux ans avec eux, je suis nommé parrain de leurs deux enfants, Tosh et Gary junior. À la maternelle, Gary junior énumère les membres de sa famille. « J'ai une sœur, une maman, un papa et un Wayson. »

Comme il convient à un parrain gay totalement libre, je leur donne des cours de peinture, je leur offre *Alligator Pie*[1], des jouets bruyants, des pianos et des tambours, je les gâte en les amenant au cirque et à des festivals, et je les encourage à mémoriser un ou deux vers de Shakespeare. Quand ils atteignent l'adolescence, je renonce à me chercher un endroit pour moi.

---

1. Il s'agit d'un album de poèmes de Dennis Lee pour les enfants. (Toutes les notes sont de la traductrice.)

Écoutez, disais-je à toutes les voix vertueuses qui m'avaient mis en garde contre un triste célibat, *je ne suis pas tout seul.*

Tandis que je regardais Jean et Gary entre mes cils, j'ai pensé : *je n'ai jamais été seul* et je me suis senti moins angoissé. Les opiacés me faisaient flotter dans les airs. À présent, elle et lui ne voyaient que le blanc de mes yeux, comme si j'étais mort ; ils observaient un gros tube courbé qui sortait de ma bouche enflée et les canules artério-veineuses fixées à mes poignets ; ils regardaient, incrédules, le fouillis de seringues et de perfuseurs, et ils pleuraient.

$\sim$

Éveillé. J'avais étrangement l'impression de flotter. Je ne voyais aucune horloge sur le mur de l'hôpital. Les lumières étaient allumées. Le désinfectant me chatouillait le nez. *Était-il minuit ou midi ? Depuis combien de jours étais-je là ? Où était tout le monde ?*

Les portes immenses avaient disparu depuis longtemps. J'étais éveillé, je voyais facilement, je distinguais de nouveau les choses. J'ai regardé les lumières en forme de boule, le plafond blanc de l'hôpital, et je me suis senti alerte, vigilant, mais pas comme le soldat de mon enfance. Je me suis rappelé que j'avais soixante-deux ans… et n'étais-je pas un écrivain ? Une énergie bizarre s'est mise à bourdonner en moi. Des voix traversaient ma conscience.

Accroche-toi.

Profite de l'instant !

Tu vis une aventure !

Des voix familières sont de nouveau intervenues. *Les signes ! Prête attention aux signes !*

Longtemps auparavant, les aînés de Chinatown m'avaient enseigné des choses à propos de signes. À trois ans, je savais que les bons petits garçons qui survivaient à l'attaque de la Renarde aux dents de requin, la Renarde qui se pourléchait, restaient toujours sur leurs gardes pour déceler les signes qui trahiraient ses mauvaises intentions. Elle avait beau changer de forme et prendre l'aspect d'une vieille dame, la Renarde diabolique ne pouvait cacher sa queue touffue. Chaque fois qu'elle s'apprêtait à dévorer sa jeune proie, cette queue remuait impatiemment sous sa jupe.

J'ai prêté attention : réveillée, lucide et indépendante des drogues, du sommeil et de la maladie, une partie de mon cerveau reconnaissait que tous les moniteurs et les cathéters étaient probablement des signes.

Suis-je en train de mourir ? Ai-je peur ?

Impossible, me suis-je dit.

Quand j'étais dans la vingtaine, je m'étais convaincu que je n'aurais jamais peur de mourir, jamais peur de cet euphémisme : « le dernier stade de la croissance ». Et si j'acceptais le côté inévitable de ma mort — notre sort à tous —, la mienne serait toutefois sans douleur.

Une mort sans douleur m'avait toujours paru une perspective raisonnable. Je n'avais jamais envisagé la possibilité de subir la moindre douleur physique.

Mes doigts ont tourné des pages de cahiers fantômes, et ma main droite a remué comme si j'écrivais les Règles de la mort :

Un : noter tous les signes pour éviter les surprises.

Deux : ne jamais périr dans un taudis. S'il faut disparaître, choisir un endroit cinq étoiles ou le meilleur établissement de soins palliatifs.

Trois : éviter la douleur à tout prix. Si un sacrifice artistique exige une douleur physique, trouver autre chose de moins pénible.

La sédation contribuait grandement à me faire adhérer à ces règles, surtout la troisième. En réalité, la douleur *était* là. Une douleur intense qui m'épuisait. J'étais simplement trop drogué pour m'en apercevoir, trop occupé par mon écriture fantôme. Je ne sentais aucun des éclairs frappant mon cœur qui luttait, mes poumons qui s'effondraient, des éclairs enregistrés par les moniteurs.

J'étais allongé, calme, quand ils sont apparus, juste derrière les contours lumineux du personnel médical travaillant au-dessus de moi, un cavalier maigre, encapuchonné, chevauchant un cheval lunaire. Le cavalier squelettique s'est hardiment dressé sur ses étriers d'argent, il a plié son index osseux pour m'appeler : *Monte !*

La vision fantomatique m'a effrayé, mais mes instincts littéraires ont saisi ce dont il s'agissait : *Ha ! Ha ! Le symbole classique de la Mort chez Cervantès — « Je vois un cheval pâle, un cavalier pâle », s'écria frénétiquement Don Quichotte, sain d'esprit, « et il m'invite : "Monte" ! »*

Une fois identifiés, cheval et cavalier ont disparu. Mais mon esprit a continué de jouer : *Y aura-t-il d'autres signes ? Verrai-je soudain apparaître un soleil couchant plus grandiose que ce que je ne pourrais jamais imaginer ?* J'ai tendu l'oreille au son d'instruments à cordes chinois, leurs plaintes en demi-tons geignant au milieu des cymbales et des tambours assourdissants. Puis, un chœur céleste a entonné un *Alleluia* paroxystique.

Des voix froides m'ont interrompu. La musique s'est tue. Un instrument médical m'a secoué le coude.

« On augmente le dosage ?

— Oui, a répondu quelqu'un. Cent cinquante.

— Il est très résistant. »

Je le suis, ai-je pensé. *Vous empêchez le chœur céleste de chanter.*

Le tintement régulier du respirateur artificiel et le bip-bip du moniteur cardiaque ont bondi dans mes oreilles.

Alertes. J'ai trouvé la force de repousser quelqu'un. J'ai lutté pour m'asseoir.

Pendant que l'équipe médicale bougeait autour de moi, quelqu'un a ordonné d'augmenter l'éclairage. Une autre personne a réclamé à grands cris qu'on vienne l'aider à me retenir. Très étrange. Alors qu'on augmentait l'éclairage, la lumière s'est assombrie. Une lassitude m'a submergé. Mon esprit a sombré dans le vide, tandis que mon cerveau jacassait : *Est-ce la mort ? Suis-je en train de mourir ? Aucun coucher de soleil ? Aucune musique ?*

Mes doigts qui tentaient d'agripper quelque chose ont griffonné dans les airs un bref commentaire :

Mourir... est... ennuyeux.

Dans l'unité des soins intensifs, un soir — était-ce le troisième ou le quatrième ? —, d'innombrables visages affolés ont plané au-dessus de moi. Je me souviens d'avoir perçu des bribes chuchotées, quelqu'un qui reniflait, une autre personne qui criait : « Mon Dieu, il a une mine épouvantable. »

« Ne meurs pas, a dit une voix de femme. Je t'interdis de mourir ! »

J'ai réussi à ouvrir les yeux — ou j'ai cru les ouvrir —, mais il n'y avait personne. Quelqu'un a dit mon nom.

Je suis là !

Je me suis vu sauter hors de mon lit et sortir en trombe de la salle. *Où sont mes vêtements ?* Je voulais désespérément arracher le tube de ma bouche. La soif me comprimait la gorge. Alors, sans crier gare, un nuage a éclaté au-dessus de ma tête ; la pluie tombait à verse. Chacune des gouttes s'écrasait au ralenti, très très lentement ; elles rataient toutes ma bouche ouverte et se transformaient en gouttelettes de sueur coulant sur mes joues.

La chaleur qui montait de mon corps semblait venir du tube dans ma gorge. Au fond de mes poumons, elle s'était enflammée et me consumait de l'intérieur. Je sentais mon cœur se débattre follement contre sa cage en essayant d'échapper à l'incendie.

Une paume a touché mon front. J'ai entendu des voix sans pouvoir distinguer ce qu'elles disaient.

Laissez-moi tranquille, ai-je imploré. *Laissez-moi partir.*

Les flammes se sont éteintes. J'ai de nouveau sombré dans un état de demi-sommeil. Je ne pouvais pas bouger, mais je n'éprouvais plus de panique. Mon esprit a recréé la première fois où j'avais aussi intensément souhaité être mort.

J'étais en septième année. Venant d'étudier un poème de Dylan Thomas, j'avais lu à voix haute devant la classe les deux premières pages de ma composition. Dans mon histoire, le héros mourait en sauvant un chien, et j'avais écrit : « Le garçon planta ses dents fatiguées dans cet ultime bonsoir. »

Le professeur et tous les élèves s'étaient esclaffés.

« Je ne voulais pas être drôle », avais-je dit, ce qui les avait fait rire et siffler encore plus fort.

Je m'étais rassis. Je ne pouvais m'empêcher de rougir. Si j'avais pu arrêter mon cœur de battre, ou au moins le priver d'oxygène, il aurait cessé de pomper le sang jusqu'à mes joues. J'avais retenu mon souffle.

Mon cœur ne s'était pas arrêté. Je l'entendais maintenant battre fort dans mes oreilles. Ma langue et ma bouche étaient brûlantes. Les flammes incendiaient mes poumons.

« Infirmière, a appelé quelqu'un. Augmentez le dosage. »

Au même moment, tandis que quelqu'un levait mon poignet pour injecter la dose, une main gantée a doucement ouvert ma bouche et vaporisé un liquide désaltérant sur ma langue. Je me suis calmé un peu. J'ai entendu le moniteur à côté de moi palpiter régulièrement.

« Il s'en est fallu de peu, monsieur Choy, a dit une voix. M'entendez-vous ? »

Chapitre 3

Drogué comme je l'étais pendant cette première semaine, le temps a fondu comme une montre de Dali. Et pourtant, pendant toute cette période, des incidents vivement ressentis se sont imprimés dans mon esprit semi-comateux. Je bougeais parfois sans répit, après je restais presque paralysé. Allongé, parfaitement immobile, j'ai entendu le personnel médical travailler au-dessus de moi.

«Les signes vitaux sont réguliers?

— Ça va ici.

— Tout le monde est prêt?»

J'ai senti une paume tapoter doucement ma poitrine. Une autre personne a tiré sur le tube épais logé dans ma gorge.

«Déconnectez, s'il vous plaît.»

Le rythme du bip-bip a changé. Le cliquetis d'un autre appareil s'est enregistré dans mes oreilles. Une pression s'est gonflée dans ma cage thoracique et j'ai de nouveau senti ma gorge brûler. Le tube du respirateur artificiel a lentement entrepris sa glissade en avant. Je me suis étouffé. Mon cœur battait la chamade. Le bip-bip est devenu frénétique.

«Appelez le cardiologue.»

J'ai vu quelqu'un qui, l'air de flotter, accourait vers mon lit. Pétrifié, voyant double, au-dessus et au-dessous en même temps, j'ai distingué le médecin — une femme — qui fronçait les sourcils, son air stupéfait quand elle s'est aperçue que je la regardais, les yeux grands ouverts.

«Problème, a-t-elle dit. Vérifiez…»

Des chiffres ont été indiqués. Des visages sont apparus au-dessus de moi. Les moniteurs stridulaient comme des cigales frénétiques. Le tube a continué de glisser dans ma gorge. Mes muscles ont résisté. J'ai eu un haut-le-cœur. Mon cœur s'est affolé. Des mains fermes ont saisi mes bras qui s'agitaient.

«Code bleu!»

Bien, ai-je pensé en comprenant ce qui se passait. *Ils disent vraiment Code bleu.*

Quelqu'un m'a frictionné le corps. J'ai distingué des visages masqués et des yeux inquisiteurs m'ont rendu mon regard. Des instruments, des tubes, intraveineux et autres, abondaient sur le paysage de mon corps.

«Dosage?

— Soixante-quinze.»

Une vague de chaleur puis un étang calme se sont ouverts en moi.

Assez, ai-je pensé. Et je me suis abandonné.

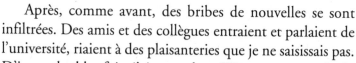

Après, comme avant, des bribes de nouvelles se sont infiltrées. Des amis et des collègues entraient et parlaient de l'université, riaient à des plaisanteries que je ne saisissais pas. D'innombrables fois, j'ai entendu: «Wayson, tu prends du mieux», et «Les gens demandent de tes nouvelles, Wayson». «Wayson, si vous m'entendez, hochez la tête», me disait-on souvent aussi. Les médicaments embrouillaient terriblement ma vision, je voyais à peine la personne qui me parlait, je pouvais à peine me rappeler les noms qu'on me chuchotait.

Quelqu'un a essuyé la bave sur mon visage.

«Réveillez-vous, monsieur.»

Étonnamment, mes yeux se sont ouverts tout grand. Deux jeunes hommes, l'un portant une chemise verte, l'autre, une chemise rouge de coupe identique — des aides-soignants, ai-je pensé —, encadraient, souriants, une femme beaucoup plus âgée, une infirmière en uniforme empesé. Elle a vérifié le nom inscrit sur mon bracelet.

« Monsieur Choy ? »

J'ai acquiescé, un peu étourdi.

« Ces deux messieurs vont frictionner votre corps, m'a-t-elle expliqué sur un ton neutre. Ordre du médecin. Un massage aidera à prévenir les plaies de lit et les caillots de sang. »

Juste au cas où j'aurais été un de ces types qui résistent à un ordre du médecin, deux beaux visages m'ont regardé d'un air encourageant. Devinaient-ils l'euphorie que je ressentais en voyant leur sourire à mon réveil ? Le blond a fait un geste m'indiquant qu'il allait glisser un autre oreiller sous ma tête. Puis il a détaché ma chemise d'hôpital au niveau du cou. L'infirmière a pris le vêtement. Craignant que la vue de ma vieille chair, de mes vieux os ne les décourage, ne les dégoûte même, je me suis laissé retomber en arrière ; à l'exception d'une modeste serviette drapée sous ma taille, j'étais totalement nu.

Blondinet s'est aussitôt déplacé derrière ma tête et a commencé à me pétrir les épaules. Elles ont craqué.

Le jeune homme aux cheveux foncés, qui semblait n'avoir pas plus de vingt-cinq ans, a fixé sur les canules une pellicule protectrice en plastique et retiré les fils sur mon corps. Après s'être assuré qu'il n'y avait plus d'obstacle, il a roulé ses manches rouges et s'est mis à me frictionner les poignets et les bras. Ses cheveux noirs retombaient sur ses yeux bleus. Ses minces lèvres se retroussaient à peine quand il souriait. J'étais sûr de le connaître, de l'avoir déjà vu quelque part. Avec cette tignasse tombant sur ces yeux intenses, il aurait pu être une vedette de cinéma. Il a surpris mon regard et m'a souri. J'ai feint l'indifférence. Comme deux rameurs, les deux hommes ont continué d'obéir aux ordres du médecin. Froidement professionnels. Quatre mains robustes évoquaient avec finesse la douceur des paumes quand elles massent, la fermeté des doigts qui saisissent, des jointures qui pressent. J'inhalais au rythme de leurs mouvements de va-et-vient. J'éprouvais une sorte de bonheur à être ainsi touché sans jugement, sans honte et sans dégoût.

J'ai exhalé.

Le plaisir m'a submergé. J'ai senti une chaleur familière se répandre dans mon entrejambe. La serviette s'est dressée comme une tente, comme si j'avais seize ans plutôt que soixante-deux. Ni l'un ni l'autre n'a paru le remarquer, ou, du moins, y accorder beaucoup d'importance. Leurs efforts pour m'éviter les plaies de lit et les caillots de sang me ramenaient à la vie, efforts ne durant que quelques minutes, pourtant une éternité, et ils semblaient m'autoriser à m'abandonner au fantasme que j'avais envie d'avoir.

Fin du massage.

Réglée comme une horloge, l'infirmière est apparue, m'a passé une chemise d'hôpital, m'a couvert d'un drap des pieds jusqu'au menton, me laissant exactement comme j'étais auparavant. Le blond a soulevé ma tête et a retiré le deuxième oreiller. Il a adressé un signe de tête à son compagnon et s'est tourné pour sortir de la chambre.

Je n'ai pu m'empêcher de regarder le brun en chemise rouge. Comme s'il lisait dans mon esprit, il est revenu, a posé sa main sur mon bras. «À bientôt», a-t-il dit.

Où étais-tu, voulais-je demander, *quand j'avais ton âge et que je mourais d'envie d'être remarqué?*

Tandis qu'il se hâtait de rejoindre son collègue, l'infirmière m'a dit: «Vous le reverrez, monsieur Choy.» Elle semblait convaincue. « Il reviendra quand vous aurez besoin de lui. Ce sont les ordres du médecin. »

J'ai fermé les yeux et des fragments de propos médicaux ont roulé près de moi comme des vagues. Peu à peu, même le cliquetis des instruments s'est soumis au silence de l'hôpital. Il ne restait plus que le bip-bip régulier des moniteurs, évoquant les stridulations de criquets en paix avec la nuit.

Une voix a éclaté, comme venue d'un mégaphone. « Monsieur Choy, veuillez compter de dix à un, juste pour vous. Pouvez-vous le faire ? »

J'avais la gorge sèche. J'ai reconnu l'odeur familière de la couverture sur moi. On ne m'avait ni bougé ni touché. Personne ne m'avait massé. Des fantômes étaient venus dans la chambre et, tandis que la demande était répétée directement dans mon oreille — *huit... six... trois* —, un écran de cinéma s'est déployé au plafond.

J'ai seize ans. Je suis arrivé en retard pour le film. Je me hâte de trouver le siège près de l'allée que mon meilleur ami, Philip, m'a réservé, tout en regardant l'écran, hypnotisé, incapable de le quitter des yeux. Un mince jeune homme court dans une rue. La musique est passionnée, primale, suggérant une chasse à l'homme effrénée. Sur l'écran gigantesque, un gros plan montre une tignasse brune bondissant au-dessus d'yeux d'acier. Et j'ai de nouveau seize ans, je me dis : *Je ne t'oublierai jamais, James Dean, en train de courir dans ton coupe-vent rouge, de me briser le cœur à jamais.*

✦

À mon réveil, j'ai constaté que je respirais toujours. Encore plus étonnant, j'ai senti une énorme langue rugueuse qui me léchait la main et j'ai perçu une odeur humide.

J'ai tourné la tête et vu un labrador noir à grosse tête, l'air amical. Au-dessus de moi, les lumières se reflétaient clairement dans ses grands yeux. Sa truffe carrée et humide m'a frôlé le poignet. J'ai levé les yeux vers la propriétaire du chien. La jeune femme a hésité, sur le point de sourire ou de parler. Ses lèvres minces ont remué, mais aucun son n'en est sorti. J'ai froncé les sourcils, me rappelant que j'étais dans un lit d'hôpital. *Qu'est-ce que ce chien fait ici?* Aucun animal, aussi amical soit-il, ne devrait laisser de bave sur ma main.

La langue rêche de la bête m'a de nouveau léché le poignet. La femme a tiré sur la laisse du chien, et la grosse tête a riposté en tirant à son tour. M'étouffant de rage et incapable de crier pour protester, j'ai brandi mon poing dans les airs. Le chien m'a regardé, déconfit.

Les bip-bip ont accéléré. J'ai désespérément essayé de me lever, de chasser cette femme. Une foule de masques blancs et flous est apparue; des mains ont immobilisé mes bras et mes jambes.

«Wayson, tu m'entends?» a demandé une voix nouvelle. Les autres se sont tues. Dans le silence soudain, j'ai entendu: «Il faut te calmer.» C'était une voix réconfortante. «Il faut te calmer. Je suis venue veiller sur toi.»

Je pouvais ouvrir les yeux, et je l'ai fait. Un doux visage planait au-dessus de moi. Le chien noir n'était plus là.

«Tu vois? C'est moi.»

J'ai cligné des yeux pour chasser la brume.

«C'est Tosh», a-t-elle dit.

Son sourire m'a fait oublier que j'avais le corps attaché à mon lit et j'ai voulu tendre les bras pour étreindre ma filleule. À ce moment, j'aurais même accepté d'avoir les membres amputés.

«Wayson, a-t-elle répété, je suis ici.»

En moi, les voix anciennes des aînés étaient interloquées.

Chapitre 4

« C'est Michael, monsieur Choy, a annoncé une voix jeune. Je serai avec vous pendant quelques jours, je prendrai soin de vous. »

J'ai hoché la tête.

« Pouvez-vous sentir ceci ? »

Des doigts fermes ont doucement pétri ma mâchoire pour l'ouvrir. Avec un linge humide, Michael a mouillé puis essuyé l'intérieur de ma bouche. Il a frotté mes dents et mes gencives. Le goût piquant de la menthe a envahi ma bouche. Quand il l'a refermée, j'ai pressé ma langue contre le tampon imbibé de liquide qui semblait jaillir comme une fontaine froide à l'arrière de ma gorge. J'en voulais encore et j'ai écarquillé les yeux.

« Mike… Michael ? »

J'ai vu la tête vivante du David de Michel-Ange me sourire. J'ai gargouillé le nom de son créateur.

Il a éclaté de rire. « Non, non, je m'appelle juste Michael, dit-il. Je suis votre infirmier. »

Un drap frais a couvert mon corps.

Michael était silencieux d'un côté de mon lit. Debout de l'autre côté, Tosh me tenait la main.

« Bonjour, Wayson, a-t-elle dit. Je suis encore là. »

Réconforté, je me suis endormi.

La première chose que j'ai remarquée à mon réveil, c'est qu'il n'y avait plus d'objets métalliques pressés contre mon corps.

«À présent que vous avez repris des forces, on vous déménage dans la salle des soins intermédiaires, m'a annoncé Michael. Vous êtes d'accord, monsieur Choy?»

Quelque chose a été dit à propos du respirateur artificiel, du tube, quelque chose à propos de la mince tubulure fixée à mes narines pour m'insuffler de l'oxygène. J'ai voulu parler, mais je n'ai réussi qu'à faire un signe de tête.

Deux autres silhouettes sont apparues. J'ai senti encore du mouvement. Des bruits métalliques ont résonné puis se sont tus. Une infirmière a ajusté les tubes souples qui reposaient sur ma poitrine. Des mains robustes ont entouré mon cou; des bras forts se sont glissés sous mon dos, et deux autres derrière mes jambes.

«À trois, a repris Michael. Un, deux... trois!»

Mes bras et mes paumes se sont raidis. Je flottais dans les airs. La civière métallique a été secouée quand j'ai atterri sur elle. Placé sous mon bras gauche, un petit oreiller maintenait en équilibre un assortiment de tubes intraveineux. On a de nouveau compté jusqu'à trois, j'ai été soulevé dans les airs une deuxième fois, puis reposé délicatement sur un matelas ferme.

Voulant savourer la douceur, la sensation de fraîcheur que me procuraient les nouveaux draps et les oreillers, j'ai contracté ma trachée-artère et j'ai inhalé. Je me suis étouffé quand l'air s'est engouffré brusquement. Michael a saisi ma mâchoire inférieure pour que j'arrête de me mordre la langue.

«Monsieur Choy, a-t-il dit. Comme ça.» Il a pris une profonde inspiration puis, lentement, bruyamment, il a exhalé. Inspirant le plus profondément possible, je l'ai imité.

Lentement. Bruyamment. Un moniteur s'est mis à biper au rythme régulier de mes poumons qui se soulevaient et s'affaissaient.

Un mince tube pompait de l'oxygène humide par mon nez, et j'ai dégluti pour goûter l'air sur ma langue. J'ai avalé. *J'étais capable de respirer tout seul.* On avait enlevé le respirateur artificiel.

Après quelques minutes, j'ai commencé à jouer : respirer plus profondément, puis plus lentement, avaler vite, déglutir plus vite, pendant que les bips chantaient et dansaient avec le va-et-vient de l'air dans mes poumons. Ginger Rogers et Fred Astaire.

Michael a éclaté de rire. « On se donne en spectacle ? »

Ravi, j'ai relaxé et je me suis permis de respirer à un rythme naturel, régulier. Je n'entendais aucun ange chanter.

L'équipe médicale avait décidé de changer mes médicaments et de me sevrer graduellement des sédatifs. Je suis devenu plus conscient, mais j'avais encore des difficultés à parler.

Une femme à la voix douce m'a poliment demandé si je voulais faire laver mes cheveux.

« Vous vous sentirez beaucoup mieux, monsieur Choy.

— Ici ? ai-je demandé, à peine capable de produire le premier son.

— Laissez-moi vous les laver. »

L'infirmière a soulevé ma tête tandis que son assistante glissait un petit tapis de caoutchouc parfaitement adapté sous ma nuque. Un Niagara d'eau chaude s'est déversé. Des doigts vigoureux ont fait mousser du shampooing dans ma tignasse huileuse, emmêlée par la sueur, et massé mon cuir chevelu parcouru de picotements. On a rincé une dernière fois.

« C'est fini. »

D'épaisses serviettes ont éponge la mare d'eau et une autre, rugueuse, a séché ma tête mouillée. On a ensuite retiré le tapis de caoutchouc. Les deux femmes ont commencé à discuter de leurs quarts de travail pour la semaine à venir. Un peigne a été passé dans mes cheveux humides. Le sujet de conversation a changé : on parlait maintenant des soldes au centre Eaton. J'ai inspiré profondément. Je goûtais le shampooing à la pomme.

« De beaux cheveux gris argent, monsieur Choy, a dit la femme. Presque aussi épais que les miens.

— Je vous en prie, appelez-moi Wayson », ai-je dit, surpris de m'entendre parler si clairement.

Si on m'appelait Wayson, je serais libéré. Je pourrais me lever et sortir de l'hôpital. Le malade, c'était monsieur Choy, pas Wayson.

« S'il vous plaît, *s'il vous plaît*, appelez-moi Wayson.

— Bien, Wayson, m'a-t-elle répondu sur un ton amical. Vous êtes sûr que vous ne voulez pas qu'on vous appelle un taxi ? »

Un fouillis de sons et d'images entrait et sortait de ce qui semblait être mes moments de veille. Des sensations de toucher, des saveurs et des odeurs me venaient au hasard, des fragments tridimensionnels très nets me piégeaient entre le sommeil et la conscience. J'étais Alice qui tombait de plus en plus profondément dans le trou du lapin d'une existence parallèle quelconque. Voulant me faire entendre en faisant plus que chuchoter, je laissais tomber des *s'il vous plaît* et des *merci*, je devenais irritable.

La main de Gary m'a caressé le front, mais ce geste ne m'a apporté aucun réconfort.

« E.T. rentre chez lui, suis-je parvenu à dire. Pourquoi ne puis-je rentrer chez moi ?

— Tu n'es pas assez fort, Wayson.

— Tu n'es pas médecin, ai-je rétorqué.

— Jean veut t'embrasser. »

Jean s'est penchée et m'a embrassé.

« Où est Tosh ?

— Elle est retournée en Arizona, a répondu Jean. Elle ne pouvait pas rester plus longtemps, Wayson. »

Dans un moment de lucidité, quand j'ai vu les yeux de Jean se remplir de larmes, j'ai compris. En apprenant que j'étais à l'unité des soins intensifs, Tosh avait téléphoné à St. Michael's et s'était arrangée pour questionner l'infirmière en chef sur mon état. Puis elle avait aussitôt pris l'avion pour Toronto. Ce soir-là, l'équipe médicale ne parvenant pas à me calmer pendant mon « incident cardiaque », Tosh, ma visiteuse tardive, avait offert son aide.

« Je suis une infirmière en cardiologie », avait-elle dit. Ses yeux avaient dû briller avec autorité.

« Vous travaillez ici ?

— Non. Mais cet homme est devenu mon parrain quand j'avais quatre ans. »

L'un des médecins avait regardé les autres. « Qu'elle entre, avait-il dit. Il ne nous écoutera pas. Vous pouvez lui parler ? »

Elle l'avait fait.

J'avais écouté, puis je m'étais calmé.

Avec ce moment, une boucle semblait s'être bouclée pour moi. Quand Tosh avait treize ans, j'avais tenté d'user de psychologie enfantine pour la calmer après une prise de bec avec sa mère. Il y a longtemps que j'ai oublié le motif du conflit, mais je me souviens d'avoir cru pouvoir facilement résoudre ce problème entre une mère folle de rage et une fille qui hurlait — seul un célibataire est assez fou pour le penser. J'avais frappé à la porte de la chambre de Tosh. Les yeux rougis d'avoir pleuré, elle avait ouvert. Son radar d'enfant fonctionnait.

«Tu dois écouter ta mère», avais-je commencé, puis j'avais poursuivi en soulignant l'importance d'être patient avec une personne aussi gentille que Jean.

Elle avait perçu mon ton professoral. Et tout en m'écoutant ressasser qu'elle devenait une jeune femme mature, elle avait perçu ma condescendance.

«Tu ne sais pas de quoi tu parles», m'avait-elle lancé, les yeux rétrécis, les poings serrés. Puis, pour être entendue de toute la maisonnée, elle avait hurlé: «*Vous ne savez rien, personne!*»

Et elle m'avait claqué la porte au nez.

Au pied de l'escalier, Jean avait levé les yeux vers moi.

«Toi aussi, Wayson?

— Qu'est-ce que tu veux dire?

— Oh! rien. Tosh vient de t'accueillir comme un membre de la famille à part entière.

— Oh! avais-je répondu en frottant mon ego meurtri. C'est bon à savoir.

— Je lui parlerai plus tard.»

Elle m'avait offert une cigarette et s'en était allumé une aussi.

«Penses-y, Wayson, un jour, tu seras vieux et décrépit et c'est toi qui devras l'écouter. Espérons qu'elle s'en tirera mieux.

— Le karma», avais-je répondu.

Je suis là, Wayson, avait dit Tosh. *Calme-toi.*

C'est tout ce qu'elle avait eu à dire. *Je suis là.* Je m'étais calmé. Les courroies avaient été resserrées, puis relâchées, et je m'étais endormi.

⤜

Éveillé, j'ai compris que c'était la nuit. Il n'y avait personne aux alentours. Les salles de l'unité des soins intermédiaires, où je me trouvais depuis quarante-huit heures, étaient silencieuses. La gorge serrée, j'ai appelé pour avoir de l'eau. *Soif... eau, s'il vous plaît...*

Sorti de l'ombre, un aide-soignant chauve est entré d'un pas nonchalant, un gobelet d'eau à la main. Quand j'ai levé la main pour l'atteindre, il a disparu. Mais j'ai été tenté par une tasse de plastique transparent remplie d'eau à ras bord qui luisait à côté de mon oreiller. J'ai de nouveau tendu la main. Mon bras est retombé, trop faible.

«Non, m'a ordonné quelqu'un. N'y touchez pas.»

Se précipitant vers moi, une petite femme à l'air sévère en blouse verte s'est placée à côté de ma table de chevet. Elle était juste assez grande pour me dévisager à travers ses lunettes à monture métallique. Son ton était dur. «Vous n'en aurez pas, monsieur Choy.

— Mais j'ai soif.

— Vous n'aurez pas d'eau.»

Son large visage et son front rouge exprimaient une véritable indifférence. Quand elle parlait, de la salive dégouttait de ses dents crochues, évoquant une toile d'araignée. «Toute l'eau de cet hôpital m'appartient.»

Elle a attrapé le gobelet brillant sur la table métallique et l'a tenu hors de ma portée. L'eau ondulait, reflétant les lampes au-dessus de moi. Quelques gouttes sont tombées sur sa blouse.

«Je suis la reine de l'eau, a-t-elle annoncé. Dans cette unité, personne ne peut avoir de l'eau sans ma permission. Avez-vous fait une demande?»

Elle a reculé d'un pas. L'air triomphant, elle a souri et effleuré le bord de la tasse de plastique comme si elle tenait un calice de cristal. J'ai essayé de hurler : des sons rauques, désespérés, se sont échappés dans les airs. Elle m'a tourné le dos et est sortie d'un pas pesant, faisant sauter le gobelet dans sa main de sorte que l'eau s'est renversée partout.

La reine de l'eau est apparue trois fois à mon chevet. Elle me regardait de haut avec ses yeux en forme de balles de revolver. Chaque fois, j'ai essayé de l'empêcher de voler mon verre, mais j'étais incapable de bouger. Ses pieds chaussés de souliers à semelle épaisse grimpaient un petit escalier et elle se posait sur un palier qui flottait à dix pieds au-dessus de moi. Elle ouvrait à la volée la porte d'une étagère. Des tasses d'eau limpide luisaient sur des rangées et des rangées de tablettes.

Je me suis plaint à une des infirmières penchée à côté de moi, son oreille près de ma bouche. Elle a pris des notes.

« La reine de l'eau, ai-je dit. Arrêtez-la.

— Je vais en parler au médecin. Ne vous inquiétez pas, monsieur Choy.

— Dites-le aux médecins, ai-je bafouillé. Dites-le à Tosh. »

Épuisé, j'ai fermé les yeux.

« Donnez-lui vingt milligrammes de plus », a dit une voix.

⚓

Même si j'étais parfois à peine conscient, je les distinguais tous fugitivement à travers mes cils — mes fondés de pouvoir, Karl et Marie, Gary et Jean —, toute ma famille chuchotant autour de mon lit. Même quand ils se penchaient, silencieux, sur ma carcasse squelettique, je voyais comment ils se soutenaient les uns les autres, se tenant par la main, hochant la tête. Je les avais tous investis d'une terrible autorité : me laisser mourir si ma condition se révélait sans espoir. Apparemment, une demi-douzaine de fois, quand j'étais presque mort, mon état avait paru désespéré.

Mais chaque fois que je les voyais à travers la brume, je voulais leur dire : *Je me sens mieux... je vous en prie, je vous en prie, cessez de vous inquiéter.*

« Non, non, ai-je commencé. Tout... tout... va... bien... »

Je voulais leur dire que je m'étais presque assis tout seul, sans oreillers, que mes étourdissements ne duraient que quelques secondes et que lorsque ma tête heurtait la ridelle du lit, je ne sentais rien du tout.

Rien.

Et que j'avais la présence d'esprit de tirer sur le cordon au dernier moment avant que le choc ne me fasse tomber dans les pommes.

Selon l'infirmier appelé Michael, toutes mes feuilles de paramètres montraient que je prenais régulièrement du mieux, et l'équipe médicale avait déclaré positif que j'aie essayé de m'asseoir tout seul, que j'aie réessayé après m'être affaissé, que j'aie hoqueté, craché et ri. Le rire était le bon côté des choses.

« Il se moquait de lui-même, avait rapporté une infirmière. Les médecins pensent qu'il est en bonne voie de guérison. »

Personne n'a discuté. Officiellement, je me rétablissais. Personne ne savait que, psychologiquement, j'étais dans le noir : à l'intérieur de moi, je perdais espoir.

Je m'étais démené pour demander un stylo et du papier, et un des infirmiers du quart de nuit avait réussi à comprendre. Il m'a apporté les deux choses et a guidé mes doigts. Le stylo et le papier m'ont glissé des mains. Deux, trois, quatre fois. On l'a raconté à ma famille. Quand je me croyais complètement réveillé, je n'arrivais pas à atteindre les gobelets d'eau qu'on avait laissés pour moi. Quand je me réveillais, les gobelets avaient tous disparu. Je savais qui les avait enlevés. Aucun membre de ma famille n'avait l'air de comprendre mes explications embrouillées. À la fin, ils ont dû lire les notes de l'infirmier.

Mary Jo m'a expliqué la situation. «La reine de l'eau ne peut venir dans cette unité, Wayson. L'hôpital a mis un gardien à la porte pour l'empêcher d'entrer.

— Karl et Gary montent la garde eux aussi, a ajouté Marie.

— On la surveille, a dit Jean. Elle ne pourra jamais revenir ici.»

Ils ont tous fait signe que oui. Puis, eux aussi ont disparu.

Une fois de plus, j'ai demandé de l'eau. Incapable d'aller moi-même la chercher, incapable d'obtenir immédiatement et à ma façon ce que je désirais, je voulais me venger de mes membres qui refusaient de bouger, de tout ce qui refusait de m'obéir. Enragé, je voulais mettre fin à cette soif exaspérante.

«De l'eau», ai-je grogné.

Un visage souriant est apparu au-dessus de moi.

«Ouvrez grand, monsieur Choy.» Cet homme arborait un sourire rassurant. «Je crains que vous ne puissiez pas encore vous servir d'un gobelet. Que diriez-vous d'un tampon humide pour hydrater votre gorge?» Il a souri, comme s'il m'incitait à retrouver un rêve agréable: c'était l'infirmier appelé Michael. *Michel-Ange.* Je l'ai vaguement reconnu. Il a examiné ma bouche ouverte. «Oui, quelques tampons vous feront du bien.» En reculant derrière le rideau gris, il a ajouté: «Vous en avez déjà eu quelques fois, mais je suppose que vous avez oublié.»

Je n'avais pas oublié.

Ces tampons humides que Michael avait doucement pressés contre les membranes desséchées de ma bouche pour libérer quelques gouttelettes de liquide aromatisé. La gorge en feu après toutes ces journées branché au respirateur artificiel, j'avais maladivement besoin de ce soulagement rudimentaire — être soulagé non seulement de la peur de mourir de soif, mais aussi de celle de ne plus ressentir les actes simples capables de relier un être humain à un autre.

«Ouvrez, a dit Michael avec une innocence consciencieuse. Goûtez celui-ci. Il est au raisin.»

Il m'a doucement tapoté la joue. J'ai ouvert la bouche. Un autre tampon a touché ma langue. J'ai aussitôt reconnu le goût de la meilleure syrah. J'ai de nouveau écrasé ma langue contre l'extrémité spongieuse. Comme le moine d'une légende zen, qui tendait la main vers un raisin tout en s'agrippant à une vigne au bord d'une falaise, à la seconde même où la branche s'est cassée, j'ai dégluti et je me suis résolument léché les babines.

Michael a éclaté de rire.

Michael était réel. Il revenait toutes les une ou deux heures et agitait devant moi un nouveau tampon prescrit par le médecin.

Michael était quelqu'un de bien, comme Marie le disait souvent de Karl : elle voulait dire qu'il était un des rares hommes dont les qualités intérieures étaient plus importantes que leur belle apparence.

«Ouvrez la bouche, monsieur Choy.

— *Wayson*, ai-je dit. Appelez-moi Wayson.»

Le tampon a touché mes lèvres ; cela aussi était réel, et l'extrémité moelleuse était saturée de liquide. Ma langue s'est pressée contre la grosse goutte. L'arrière de ma bouche a immédiatement été inondé d'un fluide glacé à saveur citronnée. J'ai avalé. Avec les deuxième et troisième tampons, j'ai de nouveau retenu ma langue contre les extrémités en coton et piégé la moiteur persistante sur mon palais. Un plaisir primal m'a saisi. Mes lèvres ont claqué avidement : elles voulaient plus de rafraîchissement.

« Content de vous voir si heureux, Wayson, a dit Michael. Je pense que vous aimeriez quelques bouchées glacées. Vous vous en souvenez ? »

Je m'en souvenais : de fins copeaux de glace déposés sur ma langue. Si je considérais les humbles tampons déjà comme un premier salut, les bouchées glacées se révélaient incroyablement plus efficaces pour raviver mon intérêt envers tout ce que la vie avait encore à m'offrir.

Une main — celle de Michael ou celle de Tosh ? — a épongé la bave au coin de ma bouche. Comme un mendiant dans le désert, j'ai renversé la tête en arrière et bâillé de toutes mes forces pour accueillir la cascade de copeaux glacés. Je voulais tout de suite sentir encore ce froid qui étanchait beaucoup plus que ma soif. Pour une cuillerée de bouchées glacées, je combattrais l'obscurité qui croissait autour de moi, ce sentiment d'impuissance qui rampait sur moi : *Allais-je pouvoir écrire de nouveau ? N'avais-je pas un livre à finir ? Ces doigts sillonnés de veines parviendraient-ils à taper sur un clavier ? Ou même à tenir un stylo sur une feuille de papier ?*

« Tenez… Ouvrez grand. »

Pendant que les minuscules échardes se répandaient sur ma langue, craquant, froides, contre mes dents, des chuchotements et des images défilaient dans ma tête : *On croyait*

t'avoir perdu... Tu nous as presque claqué entre les doigts...
Dehors, le temps était humide et des visages blêmes au-
dessus de cols ouverts le déploraient d'une voix geignarde.
Quelqu'un chantonnait une berceuse. Un bruissement :
quelqu'un tournait les pages d'un livre et me faisait la lecture. Des doigts effleuraient ma joue. Des lèvres se pressaient
sur mon front.

Ce fut le moment, l'instant précis où même la cellule la
plus malade de mon corps, mon moi le plus dépendant, a
demandé encore une seconde de vie.

« Vous allez beaucoup mieux, monsieur Choy. » C'était
le médecin qui écartait le rideau. « J'ai une pilule pour vous,
ce soir. Michael dit que vous avalez maintenant sans trop
tousser ni vous étouffer. Vous pourrez bientôt prendre des
aliments plus solides. Voyons voir comment vous vous en
tirez avec cette pilule. »

Michael m'a donné un gobelet d'eau et a reculé.

J'ai avalé.

Et n'ai toussé qu'une seule fois.

━━

Pleins d'espoir, les membres de ma famille venaient
désormais constater ma performance de cadavre ressuscité.

Ils m'ont félicité en me voyant redressé, adossé à une pile
d'oreillers. Marie m'a rappelé que j'avais vraiment mangé
un peu de pouding ce matin-là. Je ne me rappelais pas avoir
pris de la nourriture par la bouche, mais Jean a insisté :
« L'infirmière dit que tu en as même demandé une deuxième
portion. »

J'ai léché mes dents : elles goûtaient la vanille.

Chapitre 5

En ouvrant les yeux, j'ai vu que j'étais dans une autre chambre, faiblement éclairée. Kate, la plus jeune de mes filleules, était assise à mon chevet. Elle venait de terminer son cours secondaire et s'apprêtait à quitter la maison pour la première fois et à fréquenter l'université à Montréal. Un jour, elle avait grimpé l'escalier jusqu'à ma chambre sur ses robustes jambes de cinq ans et avait interrompu mon travail en me montrant le dessin qui venait de sortir de son royaume de crayons de couleur et de feuilles de papier. «La fête des Pères», m'avait-elle informé, et elle m'avait tendu sa dernière œuvre: trois bonshommes bâtons côte à côte, sa mère, son père et, deux fois plus petite, elle-même. À côté, il y avait un autre bonhomme avec une grosse tête et un menton barbouillé. Elle avait soigneusement écrit le mot WAYSON en majuscules au-dessus de la tête barbue en forme de ballon, et, de biais, PAPA 2. Elle m'avait fait un câlin et elle était sortie en courant.

Adossé à mes oreillers, trop fatigué pour me concentrer sur ce que Kate me demandait de sa voix adulte, j'ai simplement hoché la tête.

Elle a répété sa question pour la troisième fois.

«As-tu... *besoin*... de... quelque chose?»

J'ai une fois de plus tenté de répondre, mais ne suis parvenu qu'à marmonner et à haleter, le souffle coupé. Kate a fait comme si de rien n'était. J'ai essayé de lever ma tête. Impossible. Elle pesait une tonne. Kate m'a dit avoir vu tambouriner mes doigts tellement j'étais frustré.

«Wayson, a-t-elle dit. Épelle ce que tu veux. Je vais réciter l'alphabet et donne un petit coup sur ma main quand ce sera la bonne lettre. Fais signe que oui. »

J'ai obtempéré.

«A…»

J'ai donné deux petits coups.

«A?» a-t-elle demandé.

Un autre petit coup, un hochement de tête.

Nous avons continué comme ça. Je n'étais pas toujours attentif. Je ne saisissais pas certaines lettres et quand mes doigts se remettaient à tambouriner, elle reprenait du début: *A*.

«C'est bien ce que tu veux: *Apporte-moi quelques-uns de mes vêtements?*» a demandé Kate.

J'ai acquiescé.

Après son départ, Kate s'est plainte à Mary Jo: «Un vrai prof! Il n'avait qu'à épeler *Apporte vêtements*, ou juste le mot *vêtements*. Mais il a fallu qu'il épelle les *six* mots!»

⚡

«On dirait que vous avez perdu un peu de poids, monsieur Choy.» C'était l'aide-soignant.

Une fois de plus, je me suis rappelé où j'étais: *Toujours vivant*, ai-je pensé.

«Reposez-vous maintenant, monsieur, a-t-il continué en ajustant un coin du drap. Vous avez eu tellement de visiteurs. Ils disent tous qu'ils sont de la famille… On a vu des douzaines et des douzaines de personnes dans la salle d'attente. Elles se présentent sans arrêt et veulent toutes vous voir. Elles jurent toutes faire partie de votre famille. L'infirmière en chef a dû fixer des limites. » Son grand rire a vibré dans mes oreilles.

«Tous ces visages blancs, toutes ces têtes rousses et blondes, et ils affirment tous être vos parents. Le saviez-vous? Et l'infirmière m'a dit qu'il n'y avait eu que deux Asiatiques.»

J'ai essayé de deviner qui pouvaient être ces deux Asiatiques: s'agissait-il de Kerri, qui était japonais? Jean, la Coréenne? Judy? Ou bien était-ce Richard, le Chinois ou bien le Chinois antillais? L'un d'eux savait-il seulement que j'étais à l'hôpital?

Et qui étaient ces «douzaines et douzaines» de non-Asiatiques qui affirmaient être de ma famille?

J'ai évoqué tous ces visages blancs et ces noms celtes et anglo-saxons; puis, spontanément, d'autres noms étrangers en harmonie avec leurs traits juifs, grecs, italiens et européens de l'Est ont flotté dans ma tête. Derrière chaque visage, le ciel était bleu et le soleil brillait. *Comme c'est étrange*, ai-je pensé en les regardant défiler, *à mes yeux, ils paraissent tous asiatiques.*

Des voix se sont infiltrées dans ma mémoire pendant ces deuxième et troisième semaines de convalescence.

Denise, ma fidèle agente littéraire, me faisait la lecture, psalmodiait d'une voix forte certaines expressions, certains paragraphes dramatiques, parfois même des passages érotiques. Quelqu'un a essayé de la faire taire.

«Il peut entendre, répondait Denise à quiconque réclamait un peu de calme, et je m'assure qu'il entend. Qu'il fait travailler son cerveau.»

Kate a remplacé Denise comme lectrice. Au début, elle était nerveuse et sa voix tremblait, puis elle s'est adoucie. Son rythme, comme une berceuse, m'a plongé dans un long sommeil et, à mon réveil, je me suis senti pour la première fois frais et dispos.

«Allô, a dit une voix. Il y a quelqu'un?»

C'était ma voix. Je pouvais voir derrière les barreaux du lit: la porte était ouverte et quelqu'un venait vers moi.

«Eh bien, monsieur Choy», a dit un homme de haute taille. Il s'est présenté: c'était le nouveau médecin qui supervisait ma guérison. Il a consulté avec ostentation mes feuilles de paramètres de signes vitaux. «Votre état s'améliore de jour en jour. Je prévois vous envoyer très bientôt dans une autre section. Continuez de vous reposer.»

Avant d'aller travailler, Marie est entrée dans la chambre, vêtue d'une belle robe d'un imprimé estival.

«Je viens juste passer un moment avec toi avant de rencontrer mon prochain client», m'a-t-elle dit, comme si elle avait du temps de reste.

Une image d'elle m'est revenue: penchée sur les pieds nus de mon père, elle lui coupait les ongles d'orteils. J'avais eu des difficultés à l'habiller ce matin-là. Ses chaussettes s'accrochaient dans ses ongles trop longs, jaunes et pointus. Je feuilletais l'annuaire à la recherche d'un pédicure.

«Je peux le faire, avait dit Marie.

— Non, non», avait protesté mon père, gêné que son propre fils ait reculé devant cette tâche délicate.

«Ça ne me cause aucun problème, avait insisté Marie. J'ai fait du bénévolat à la résidence pour personnes âgées. Vous n'avez pas confiance en moi, Toy?»

Mon père avait affiché un grand sourire. Il était amoureux.

Quand elle est entrée dans la lumière de ma chambre d'hôpital, grande et élégante, j'ai imaginé comment mon père avait dû la voir.

«Marie, ai-je dit. Tu es belle.

— Arrête. Comme séducteur, tu n'arriveras jamais à la cheville de ton père.»

✦

«C'est moi, Wayson», a dit Karl en me donnant un petit coup pour me réveiller.

J'ai hoché la tête. *Oui.*

J'avais été admis à l'hôpital le 9 août, m'a-t-il rappelé. C'était maintenant la dernière semaine d'août. Une terrible canicule sévissait toujours à Toronto. Les gens s'évanouissaient dans les rues. Il m'a raconté qu'on avait recommandé aux personnes âgées vivant dans des pièces suffocantes de passer l'après-midi dans des centres commerciaux climatisés.

«Ou bien ils peuvent venir me rejoindre, ai-je répondu. Je dois avoir mémorisé toutes les fissures du plafond.

— Aimerais-tu t'asseoir?»

Sans attendre ma réponse, il s'est installé sur le lit et m'a redressé comme si j'étais une poupée de chiffon. Il a replié les deux oreillers pour soutenir mon dos. Je me suis penché vers lui. Sa chemise de travail sentait les copeaux de bois.

Le sevrage des médicaments me laissait encore un peu étourdi. Je ne pouvais pas voir à plus de quelques pieds autour d'une source de lumière, et pourtant Karl me regardait comme s'il était témoin d'un miracle. J'étais redressé. Je parlais. Il a mis son bras autour de moi.

Quelques mois auparavant, il avait perdu son père, un bel homme musclé de soixante-quatorze ans qui, adolescent, avait été un soldat allemand à la fin de la guerre. Juste avant de se rendre, il aurait eu l'occasion d'abattre un soldat américain en train de déféquer dans les buissons un peu plus loin, son pantalon déboutonné autour de ses chevilles.

«Qui devrait mourir comme ça?» s'était demandé le père de Karl. «L'homme n'est pas un animal», avait-il dit à son fils. Le jeune Allemand avait baissé son arme sans tirer et, au même instant, un soldat allié l'avait saisi par derrière, désarmé et fait prisonnier. S'il avait appuyé sur la détente, il aurait lui aussi été abattu, et moi, je n'aurais jamais pu m'abandonner contre Karl et parler de la pluie et du beau temps avec lui, jamais Kate et Marie ne seraient apparues dans ma vie. Les liens que nous avons tissés découlent du fait que quelqu'un, un jour, a eu envie de chier et qu'un enfant-soldat a refusé de tirer sur lui.

Karl et son père s'asseyaient souvent ensemble dans la cuisine de leur ferme au nord et, comme de vieux amis, ils parlaient jusque tard dans la nuit de justice et de philosophie et du pouvoir corrupteur des riches entreprises.

J'enviais la profondeur de leurs débats, leur respect et leur attachement mutuels. Mon propre père fut une personne distante jusqu'à la fin de sa vie. Son anglais était beaucoup plus efficace que les quelques mots de dialecte de Tai Shan que j'avais appris dans mon enfance, mais c'était un anglais de survivant, un outil pratique pour les cuisines et les comptoirs de restaurant où il gagnait sa vie.

Nos pères nous racontaient des histoires du passé, mais ils s'attardaient rarement sur les terreurs de la famine ou de la guerre. Ni l'un ni l'autre n'avait beaucoup parlé non plus des terribles humiliations qu'ils avaient subies comme immigrants indésirables au Canada.

«Passé, disait mon père, mauvais.»

Au cours des vingt-cinq années où nous avons vécu sous le même toit, Karl et moi n'avons eu que deux ou trois prises de bec. «C'est comme assister à un combat de Titans», avait un jour observé Marie après un de nos affrontements moralisateurs où seul mon ego avait été blessé. «À présent, embrassez-vous et faites la paix», avait-elle ajouté, et ce qui restait de notre désaccord s'était estompé.

Le jour où Karl s'est assis sur mon lit et m'a soutenu pour que je puisse m'appuyer contre lui, j'ai vu l'épuisement dans ses yeux. Je voulais lui dire que, selon un des médecins, avec le mélange de médicaments qui m'avaient été prescrits, je connaîtrais peut-être plus tard des problèmes de métabolisme et de numération globulaire.

«Vous n'êtes pas encore sorti du bois, avait-il ajouté. Mais vous pourrez vous lever et aller vous y promener.»

Je n'ai rien dit à Karl. D'une façon implicite, j'ai compris que je devais trouver mon propre chemin dans ces bois. D'ailleurs, j'aimais me reposer en silence dans ses bras.

DEUX

La jeunesse rassemble ses matériaux pour construire un pont vers la lune, ou peut-être un palais ou un temple sur terre, et, à la fin, l'homme d'âge mûr s'en sert pour bâtir une remise.

HENRY DAVID THOREAU,
Journal

Chapitre 6

J'étais plongé dans un profond sommeil quand deux aides-soignants sont un soir venus me réveiller. «On passe les bras sous votre dos, monsieur Choy… doucement.» Ils ont délicatement replié les draps, m'ont soulevé puis déposé sur une civière recouverte d'un mince matelas. Ils m'ont ensuite roulé le long d'une série de corridors, nous sommes montés dans un ascenseur profond, avons attendu dans une aire de réception très éclairée devant une paire d'imposantes portes en verre poli.

«Monsieur Choy?» La même voix de baryton a pénétré la clameur monotone de ma tête. «Encore une minute et quelqu'un nous fera entrer.» Un chuchotement s'est faufilé dans mon oreille, comme si nous étions dans un sanctuaire. *Une chambre privée, monsieur Choy. La meilleure pour vous.*

Je veux rentrer chez moi, ai-je chuchoté à mon tour. Mais personne n'a bougé. *Ramenez-moi à la maison.*

En concentrant mon regard pour voir de l'autre côté des portes de verre, je n'ai pu m'empêcher de remarquer un vieillard allongé sur une civière, qui attendait l'ouverture des mêmes portes. *Bouchon de circulation*, ai-je pensé. Encore un peu étourdi, j'ai adressé au pauvre type ce que j'espérais être un sourire encourageant.

Sur son front, la peau était tendue. Il a haussé les sourcils pour me regarder. Avec ses joues creuses, sa tête ciselée évoquait un crâne essayant de sourire. Dans le silence de la nuit entre nous, il avait l'air distant et terrible. Tournant la

tête, j'ai remarqué qu'il avait levé son cou flétri, marbré d'ec-
chymoses. Le crâne m'a regardé en souriant. Il a écarquillé
les yeux, comme s'il était abasourdi. J'ai cru reconnaître ces
yeux cernés, ce regard épuisé. La créature qui me fixait semblait à peine vivante. Ces yeux qui se sont fermés, incrédules,
étaient les miens. Mon moral est retombé à zéro.

Une ombre de grande taille a effacé mon reflet boule-
versé. «Entrez le code», a-t-elle ordonné. Des doigts ont
rapidement pianoté sur un clavier et les deux portes se sont
ouvertes en bourdonnant, révélant une grande salle déserte.
Une infirmière solitaire nous attendait.

On m'a roulé jusqu'à la première chambre à gauche, puis
soulevé et déposé sur un lit. Les barreaux du lit ont claqué
quand on les a relevés. J'étais dans un berceau pour adulte.
«C'est pour votre sécurité, monsieur Choy», m'a expliqué
la voix. La même infirmière a signé quelques formulaires
— j'ai imaginé qu'elle cochait «Corps reçu tel quel» — et
elle a fait signe aux deux hommes de s'en aller.

«Monsieur Choy, l'ai-je entendue dire, je voudrais que
vous avaliez cette petite pilule. Ouvrez la bouche, s'il vous
plaît. Cela vous aidera à vous rendormir. Voyez-vous le verre
et la paille que je tiens près de votre bouche?»

Tel quel, ai-je pensé. Mes lèvres ont touché la paille, j'ai
pris une ou deux gorgées et j'ai avalé le minuscule cachet.

On a éteint les lumières au-dessus de moi. La pièce
était sombre: il n'y avait que le faible éclairage d'une veil-
leuse près du plancher et le rectangle de lumière tamisée
qui venait du couloir. J'aurais dû m'endormir en l'espace
de quelques minutes, mais l'adrénaline me gardait éveillé.
Quand l'infirmière m'avait offert de l'eau, j'avais remarqué,
comme si c'était la première fois, que je n'étais pas capable
de tendre la main vers le verre ni de diriger la paille vers
ma bouche.

J'ai alors réalisé que je ne pouvais lever vraiment les bras. Je ne pouvais tenir de simples objets comme des cuillers ou des gobelets pendant plus de cinq secondes. Depuis des jours, je pensais comme toutes les personnes compatissantes : j'étais encore trop faible, je n'étais pas encore rétabli. Je répondais en hochant la tête ou en haussant les épaules, incapable de rassembler l'énergie nécessaire pour articuler une phrase complète sans tousser ou m'étouffer.

La faible lumière qui miroitait sur le mur devant moi me donnait l'impression de voguer sur une mer tumultueuse. À l'unité des soins intensifs, mon esprit était ballotté dans des états semi-comateux. À travers mes paupières mi-closes, j'avais bien vu comment certains de mes amis avaient tremblé d'horreur devant mes poignets attachés, comment d'autres avaient tendu la main pour tenir mes paumes moites. Et il y avait ceux qui s'étaient détournés et hâtés de sortir, en larmes.

J'éprouvais à présent la même épouvante qui avait marqué leurs visages. *Allais-je un jour recommencer à enseigner, à écrire ? Redeviendrais-je la personne que j'avais été ?*

J'ai essayé de rendre la pilule que je venais d'avaler responsable du sentiment de panique qui gonflait en moi. Je me demandais s'il s'agissait d'un symptôme de sevrage. Cela m'engloutissait de nouveau. Je passerais peut-être le reste de mes jours dans ce lit, complètement impuissant. J'allais peut-être mourir.

J'ai regardé le flot de lumière qui venait du couloir. Je pourrais grimper sur les barreaux du lit et m'enfoncer dans ces vagues, sombrer dans mon sommeil narcotique et ne jamais me réveiller.

J'ai entendu ma propre voix d'enfant qui m'appelait, une voix dont la langue exprimait encore cette curiosité opiniâtre, insatiable, qui continuait de remuer en moi ; une voix qui insistait auprès des aînés pour se faire raconter d'autres histoires, d'anciennes fables ou des légendes populaires. Cet enfant refusait d'aller se coucher, préférant se priver de ses heures de sommeil. « Dites-moi, suppliais-je les vieux raconteurs d'histoires, dites-moi ce qui arrive ensuite. »

On a frappé à la porte : une femme mince d'âge moyen est entrée dans la pénombre en s'excusant de me déranger.

« Je suis arrivée depuis peu. Je viens de Dublin et je ne suis pas encore habituée à ce quart de nuit. J'espère que ça ne vous fait rien, mais je suis un peu en retard sur l'horaire. » Elle a allumé la lampe de chevet. Le verre de ses lunettes a dansé avec la lumière pendant qu'elle lisait mon nom inscrit sur le poteau du lit. « J'espère que vous ne dormiez pas, monsieur Choy. »

Elle s'est penchée d'un côté du lit et a appuyé sur un bouton. Le lit a descendu. Elle m'a expliqué pourquoi elle était là tout en repoussant les draps. Sans pruderie, elle a ajusté mon cathéter pour la nuit et m'a enfilé une paire de longs bas thérapeutiques.

« Pour empêcher la formation de caillots, monsieur Choy. On dirait vraiment des bas de nonne ! »

Elle m'a rappelé que St. Michael's avait jadis été dirigé par une congrégation religieuse. « Les meilleures sœurs les portent encore ! Et si vous me permettez de le dire, je pense qu'à Dublin certains des meilleurs prêtres le font aussi ! » Elle a secoué la tête. « Regardez-moi ces jambes osseuses. Vous n'avez pas envie de bonne nourriture, monsieur Choy ? »

Elle a remis les draps sur moi, puis, après s'être lavé les mains au lavabo, elle a pris une petite bouteille de jus intacte. « Qu'est-ce que c'est ? » a-t-elle demandé avec un sourire chaleureux. Elle l'a décapsulée, y a glissé une paille sortie de je ne sais où. « Quelqu'un vous a laissé du jus de raisin. »

Elle a placé fermement sa main derrière ma tête et l'a soulevée. La mince paille a glissé dans ma bouche. Sans réfléchir, j'ai tendu ma main droite; mes doigts ont saisi la bouteille; la petite main s'est retirée. J'ai aspiré et avalé, je voulais encore goûter la saveur sucrée. Le jus de raisin a jailli et le bout de ma langue a commencé à lécher l'arrière de mes molaires à la recherche de souvenirs de festins succulents. Avec le goût salé des rôtis et des biftecks, du tendre poulet désossé mariné dans une sauce chinoise aux haricots noirs, en retrouvant quelque chose comme l'espoir, j'ai pris une énorme gorgée, puis j'ai aspiré bruyamment les dernières gouttes.

« Bien, monsieur Choy, a-t-elle dit. Je parie que vous faites autant de bruit en mangeant qu'en buvant. Comme tous les Chinois! »

Elle avait dû deviner que je ne me formaliserais pas: elle a fait le signe de croix au-dessus de moi et m'a effleuré l'épaule. Les larmes qui remplissaient mes yeux se sont reflétées dans ses lunettes.

« Vous allez vite vous rétablir, a-t-elle dit en éteignant la lampe. C'est promis? »

Je me suis fait la promesse de manger, et de manger encore plus.

Le lendemain matin, en réfléchissant aux bouleversements de la veille, dont j'avais gardé un vague souvenir, j'ai conclu que j'avais simplement fait un cauchemar, ou bien que j'avais mal digéré la petite pilule. « Tu as de la chance », me disait ma mère lorsque, enfant, je me réveillais en pleurant. « La malchance, toi, tu la rêves. » La lumière du jour filtrait autour des lourds rideaux qui masquaient la fenêtre à ma gauche. Une infirmière est entrée et a relevé la moitié supérieure du lit à un angle assez haut pour que je puisse tourner la tête et voir à l'extérieur. Elle a posé ses mains sur les rideaux épais.

«Préparez-vous à voir le soleil, monsieur Choy, a-t-elle dit. Couvrez vos yeux.»

Elle a écarté les rideaux et la lumière a inondé la chambre. Nous étions au sixième, m'a-t-elle appris ; la chambre donnait sur une église classique de Toronto de l'autre côté de la rue. Les tours spiralées s'élançaient dans les airs comme des flèches. Des cloches et des carillons se sont mis à sonner. À l'aide de mes seuls poignets, j'ai réussi à me redresser dans le lit et j'ai tendu le cou de façon à apercevoir l'herbe d'été en bas. La façade beige en brique et en pierre, les entrées et les sorties décorées en forme de coquillage luisaient comme un gâteau de mariage de couleur caramel. Je suis ensuite retombé sur les oreillers ; je me sentais encore un peu groggy. La porte était ouverte et, à ma droite, les rideaux étaient tirés autour de mon lit pour préserver mon intimité.

Allongé dans la lumière du matin, je me suis rappelé avoir, cette nuit-là, juré à quelqu'un que je mangerais, que je mangerais encore plus. J'ai allongé mes jambes, surpris de les voir m'obéir si facilement. Mes doigts ont coopéré pour soulever les draps et j'ai baissé les yeux. J'ai distingué le bord des bas tricotés serré, évoquant ces cuissardes que portent les pêcheurs quand ils lancent leurs filets en eau profonde.

J'ai entendu un cliquetis de vaisselle dans la chambre. Un déjeuner de gruau et de compote venait d'arriver, avec une assistante pour me le faire manger à la cuiller.

J'étais bien installé dans ce lit trop confortable. Me tournant lentement sur le côté, j'ai, d'une main tremblante, utilisé les leviers pour lever et baisser la moitié supérieure du lit. J'étais résolu à me redresser pour accueillir mes visiteurs. Je n'avais plus besoin d'un cathéter. L'infirmière présente m'a montré comment tirer sur le cordon pour appeler quand j'aurais besoin de la bassine.

Le deuxième matin, on m'a aidé à sortir de mon lit pour voir comment je me tenais debout tout seul. Mes mains ont instinctivement agrippé les ridelles et je me suis appuyé pour me redresser. L'infirmière a replacé le rideau qui assurait mon intimité. La chambre pouvait accueillir un autre lit, mais l'espace était vide.

«Vous devriez pouvoir utiliser la salle de bains de votre chambre, maintenant. Voulez-vous essayer?»

J'ai grommelé quelques mots et hoché la tête. *Oui, oui.* Appuyé sur l'infirmière, j'ai réussi à me rendre aux toilettes; là, je me suis assis, j'ai fait ce que j'avais à faire et tiré le cordon pour qu'elle m'aide à retourner jusqu'à mon lit. Tandis que je claudiquais entre la salle de bains et mon lit, j'ai vu des inconnus et des patients se saluer en défilant dans le corridor. J'ai vu passer des fauteuils roulants et des béquilles; des cannes claquaient sur le sol; rires et bavardages montaient et se taisaient. On m'a demandé si j'aimerais m'asseoir dans un fauteuil roulant et sortir de ma chambre. J'ai refusé. Je ne me joindrais au défilé que sur mes pieds, même s'il fallait que je sois soutenu par un de ces machins dont se servaient tous les patients qui titubaient devant moi. Je voulais marcher de nouveau. Un jour que je devais sortir du lit pour me diriger avec peine jusqu'aux toilettes au bras d'une infirmière ou d'un aide-soignant, j'ai remarqué que la ridelle du lit était baissée d'un côté, et j'ai marmonné et gesticulé pour qu'on la laisse ainsi, de façon à ce que je puisse m'exercer à me lever.

Les premières fois où j'ai essayé de me tenir debout tout seul, je n'ai même pas réussi à garder la tête haute. Quand je tentais de faire quelques pas sans aide, je trébuchais et je m'écroulais contre mon gardien. Au fil des jours, mes membres et les muscles de mon cou ont repris des forces. Et le meilleur de ces journées où mes membres luttaient me revient à présent comme un film hollywoodien, ininterrompu, ponctué par le thème triomphant de *Rocky*.

La marche vers la victoire a commencé un matin après le déjeuner quand la physiothérapeute, une femme enthousiaste — «Appelez-moi Allison» — aux cheveux d'or et aux yeux bleus, m'a observé tandis que, au bras de quelqu'un, je boitillais vers la salle de bains. Je pouvais sérieusement commencer à marcher, a-t-elle décidé. Un grand sourire aux lèvres, elle a fixé une paire de poids à mes chevilles. À son commandement, j'ai levé, baissé et tourné mes deux pieds. Je commençais à peine à m'y habituer quand Allison a tiré sur ses boucles blondes et annoncé: «Vous êtes prêt pour une marchette, monsieur Choy.» Elle est revenue avec un déambulateur métallique et m'a montré comment m'en servir.

J'ai poussé sur le déambulateur et fait un premier pas. Allison m'a laissé m'appuyer contre elle pour le deuxième. Puis pour un autre.

«Utilisez vos hanches et bougez vos épaules... comme ça», a-t-elle dit en me faisant une démonstration.

J'ai trébuché, je me suis effondré contre elle, me suis redressé. Puis j'ai recommencé.

«Servez-vous de vos hanches pour pousser vers l'avant. Ne vous servez pas de vos bras ou du déambulateur pour avancer.»

J'ai projeté le poids de ma hanche vers l'avant. Mon pied a suivi. Allison était ravie.

«On danse maintenant. Continuez de bouger, monsieur Choy.»

J'ai répété le mouvement de mes hanches et j'ai traversé la chambre aller et retour, cinq fois, puis je me suis rendu à la salle de bains. Après m'être excusé, j'ai fermé la porte et profité de l'occasion pour m'asseoir sur le trône comme un conquérant. J'ai parcouru la chambre encore deux fois. Sur le point de m'écrouler sur le sol, épuisé, à bout de souffle, j'ai failli renoncer. De l'autre côté de la pièce, Allison m'a lancé mon inhalateur. Je l'ai attrapé d'une main, sans réfléchir. Allison a applaudi, surprise. *Victoire.*

Si je n'étais pas sorti du bois, je sentais que j'avais survécu au pire, et c'était bon de survivre. J'étais redevenu un étudiant: je répondais à des questions, je passais des examens, je suivais des directives.

Ces directives, je ne les suivais pas toujours avec panache. Une fois, quand une infirmière a refusé de rester un moment pour écouter attentivement la demande que je lui marmonnais — un verre d'eau fraîche —, j'ai, en guise de représailles, recraché la pilule qu'elle m'avait demandé d'avaler.

«C'est pour votre bien», m'a-t-elle dit, puis elle a déposé le plateau et m'a laissé me débrouiller tout seul, la petite pilule tournoyant sur le plateau placé juste hors de ma portée.

Chaque fois que je me plaignais à mon père à propos d'étudiants prometteurs mais qui semblaient inaccessibles, qui rejetaient mon enseignement, il me répondait: «Quand l'étudiant sera prêt, le bon professeur se présentera.»

Dans l'univers de ma chambre d'hôpital à moitié vide, les bons professeurs ont commencé à arriver. Je suis devenu plus patient avec les personnes qui prenaient soin de moi et je me suis comporté comme l'étudiant que j'avais rêvé d'avoir.

Une femme est venue au moment du déjeuner et elle a placé correctement mes doigts autour de chaque ustensile. À sa deuxième visite, j'avais réappris à tenir une cuiller, une fourchette, les dents vers le bas, et à glisser facilement un couteau émoussé à travers une tranche de pain de viande grisâtre ; j'ai même appris à manger tout seul ce repas immangeable, sans trop de problèmes ; j'avais toutefois un grand bavoir noué sous le menton.

Une thérapeute est venue tester mes aptitudes motrices. Elle m'a demandé de découper une feuille de papier pour voir comment je m'en sortais avec une paire de ciseaux. Pour commencer, mes doigts se sont pliés, comme si je n'avais que des pouces, même si je pouvais voir dans ma tête la façon correcte de les manipuler. Elle a positionné mes doigts et m'a laissé réessayer. À la troisième tentative, la feuille de papier blanc sur laquelle j'avais crayonné des lignes rouges et jaunes s'est séparée des lames comme une paire d'ailes fougueuses.

Ravi de mon succès, et reconnaissant envers la thérapeute, j'ai pris une des feuilles intactes et tenté de la plier pour elle en forme de papillon — une de mes spécialités — afin de lui montrer ma dextérité. Elle a attendu que je termine.

J'ai fini par renoncer et je lui ai tendu le ratage.

« Comme c'est joli ! s'est-elle exclamée. Une enveloppe. »

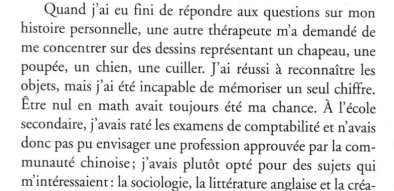

Quand j'ai eu fini de répondre aux questions sur mon histoire personnelle, une autre thérapeute m'a demandé de me concentrer sur des dessins représentant un chapeau, une poupée, un chien, une cuiller. J'ai réussi à reconnaître les objets, mais j'ai été incapable de mémoriser un seul chiffre. Être nul en math avait toujours été ma chance. À l'école secondaire, j'avais raté les examens de comptabilité et n'avais donc pas pu envisager une profession approuvée par la communauté chinoise ; j'avais plutôt opté pour des sujets qui m'intéressaient : la sociologie, la littérature anglaise et la création littéraire.

Les joueuses de mah-jong avaient mis ma mère en garde contre mes choix académiques.

« Pourquoi votre fils n'étudie-t-il pas le commerce ou la science ? »

« Quel salaire Wayson gagnera-t-il s'il n'étudie que des livres imaginaires ? Et ses histoires, qui va les acheter ? »

« Il faut que Sonny gagne beaucoup d'argent s'il veut une bonne famille, de bons enfants et une bonne maison, avait dit une aînée à ma mère. Qu'il se marie bientôt. Qui prendra soin de lui quand il sera vieux et que vous ne serez plus là ? »

« À quoi sert son diplôme ? À rien, je vous le garantis. »

« C'est ce qu'on dit de toi, m'avait confié tante Frieda. Tu veux savoir mon opinion ? Fais ce qu'il te plaît. Je te souhaite bonne chance. »

« Le professeur de Bruyn m'a dit que ta nouvelle a été publiée dans la revue *Prism*, s'était exclamée tante Mary quand j'avais obtenu mon diplôme de l'UBC. C'est un bon signe. »

À la cérémonie de remise des diplômes, mon père était fier de moi, mais ma mère paraissait déplacée et inquiète. De nombreux fils et filles de Chinatown avaient été recrutés pour travailler dans des banques, des commerces, des hôpitaux, des cliniques, des compagnies internationales et, encore mieux, dans des bureaux gouvernementaux. Et le fils des Choy ? Un garçon sans but, qui aimait les livres et qui racontait n'importe quoi : il voulait se rendre à Ottawa en auto-stop et combattre la discrimination raciale. *Quel salaire gagnera un fils pareil ?*

Assise en silence, ma mère écoutait tous ces conseils non sollicités. Elle rentrait ensuite à la maison et me trouvait en train de lire ou de dactylographier une autre nouvelle. Elle me préparait du thé. Mon père lui avait dit de ne pas se mêler de mes études.

La lecture et l'écriture: c'était pourtant ce qu'avaient valorisé les érudits de la Chine ancienne. Mon grand-père, qui avait fait des études jusqu'à un niveau respecté par le Chinatown de Victoria, avait élevé mon père. Contrairement à grand-père, mon père avait mis fin à ses propres études en arrivant à la Montagne d'or[1] à l'adolescence. À Victoria, il était le premier fils et avait dû travailler avec grand-père pour nourrir la famille grandissante du vieil homme et de sa belle-mère — une famille qui avait bientôt compté six garçons et quatre filles. Quand il avait épousé ma mère, ils étaient allés vivre à Vancouver. Il n'avait alors plus été question d'études, mais mon père n'avait jamais oublié le respect témoigné aux érudits et aux marchands instruits de Chinatown. Quand il rentrait à la maison après son travail saisonnier de cuisinier sur les bateaux du CPR, il considérait avec plaisir mes étagères pleines de livres — des ouvrages que ni lui ni ma mère n'auraient pu lire. Quand je tapais mes textes à la machine, il me demandait quelle note j'avais obtenu en littérature anglaise.

« Un autre A », répondais-je.

J'ai terminé des études à l'UBC et ma première nouvelle publiée a fait partie de l'anthologie *Best American Short Stories*. C'était l'histoire de deux garçons — caucasiens, bien entendu — dont l'un mettait son ami plus âgé au défi de nager dans la rivière Moira. Mon père m'avait acheté, chez Birks, un stylo Parker avec une pointe en or de 14 carats, un stylo que j'avais toujours eu l'intention de m'acheter un jour.

« Tu écris avec ça, m'a-t-il dit. Raconte aux gens les histoires dont tu te souviens à propos de ton grand-père et des aînés qui ont pris soin de toi. »

Nous nous sommes étreints — ce qui était rare. Mais tout en le serrant dans mes bras, je déplorais sa naïveté, sa

---

1. Nom par lequel les immigrants chinois désignaient le Canada.

totale inconscience : où étaient les lecteurs et les producteurs de films intéressés par les aînés de Chinatown, ou, d'ailleurs, par n'importe quel habitant de Chinatown ? Dans mes textes, les personnages avaient des noms européens et accueillaient leur monde avec leurs visages pâles.

« Comment pourra-t-il gagner un bon salaire ? » a demandé ma mère à la remise des diplômes.

Mon père m'a fait un clin d'œil. « Il trouvera bien. Comment faire autrement ? »

En contemplant le croissant de lune depuis ma chambre d'hôpital et en repensant à tout cela, j'ai imaginé mon père me faisant un clin d'œil au milieu des étoiles. J'avais envie de lui en faire un à mon tour, de tenir encore ce stylo que j'avais finalement perdu en me rendant à Ottawa en auto-stop.

Chapitre 7

Un après-midi, Marie me lisait le dernier arrivage de messages — cartes amusantes me souhaitant un prompt rétablissement, petits mots pour dire qu'on s'ennuyait de moi. Ma voix était encore enrouée, mais je me faisais comprendre.

« Qu'est-ce qui se passe, Wayson ?

— Je veux être incinéré.

— Oui, tu l'as déjà dit la première fois que je t'ai accompagné aux urgences. Karl t'a trouvé très joyeux.

— Je veux être un beau cadavre à mes funérailles, ai-je répondu. Mais pas maintenant. Quand j'aurai pris un peu de poids et que j'aurai une mine moins affreuse… »

J'ai toussé.

« Qu'est-ce que je fais enfermé dans cette salle ? »

J'ai remarqué le sourire trop grand que Marie arborait.

« Il ne te reste plus que quelques jours à passer ici, c'est tout. » Elle a soupiré avec un peu trop d'emphase. « Ils n'ont pas d'autre endroit où t'envoyer. Quelque chose à propos de coupures budgétaires. »

Gary et Jean sont entrés à ce moment-là et ils ont immédiatement saisi l'allusion. Jean a repris la balle au bond.

« C'est vrai, Wayson, a-t-elle dit. Et tu es tellement mieux dans une chambre privée comme celle-ci. »

Jean souriait, Gary souriait et Marie continuait de sourire. Jean a changé le sujet de conversation.

« L'infirmière m'a donné ça. Tu te rappelles ? Tu as demandé une deuxième portion de pouding.

— C'est bon signe», a dit Gary.

Il a arraché la cuiller de plastique collée sur la tasse en polystyrène. Je l'ai laissé m'attacher un bavoir propre sous le menton. On en avait mis une pile sur l'étagère au-dessus de mon lit.

«Je déteste le pouding, ai-je dit. J'en mange seulement pour pouvoir retourner festoyer au Pearl Court.

— Tout ira bien, a répondu Gary en approchant la première cuillerée de ma bouche. Tiens. »

Bien, ai-je pensé, puis j'ai eu envie de raconter à la famille que quelque chose m'avait rendu malheureux la première fois qu'on m'avait roulé dans cette nouvelle aile de l'hôpital.

«Comment aimez-vous ces portes?» ai-je demandé.

Je voulais leur dire que quelque chose — quelque chose de lié à ces portes de verre — m'avait troublé, mais rien de précis ne m'est venu à l'esprit. Tout le monde a gardé un silence contraint.

«Oh! a finalement dit Gary, elles ne nous ont pas causé de problème.

— Tu as l'air d'un coq en pâte dans ce lit, a continué Jean. Tous ces gros oreillers semblent si confortables. Tu ne te sens pas bien, Wayson?»

Je me sentais assez bien pour formuler quelques requêtes. Donner quelques ordres.

«Marie, ai-je commencé, pourrais-tu penser à m'apporter un de ces cahiers vierges qui sont dans ma bibliothèque à l'étage?» Je me suis tourné vers Gary. «Mon stylo préféré est dans mon bureau à l'école. Peux-tu te rappeler de me l'apporter la prochaine fois?» J'avais retrouvé la voix que je prenais pour faire des annonces en classe. Je considérais comme allant de soi que je ne l'avais jamais perdue. «J'ai décidé d'écrire quelques nouveaux chapitres pendant ma convalescence ici.»

Marie et Jean se sont regardées.

« Qu'est-ce qui se passe ? ai-je demandé.

— Rien, a répondu Marie. C'est juste ta façon de parler.

— Je parle toujours comme ça », ai-je affirmé en me demandant pourquoi ils semblaient tous si surpris.

Jean m'a souri d'un air encourageant. « Tu vas vraiment écrire ici ? » Gary a levé son pouce.

Je n'avais pas complètement compris que si j'avais des problèmes à la *seule* pensée de tenir une cuiller, il me serait presque impossible de me servir d'un stylo. J'avais une telle envie d'écrire que mon esprit rejetait mes limites évidentes. Mon cerveau post-coma ne pouvait reconnaître ces écarts : la moitié des cellules grises désirant la normalité ne se connectait pas toujours avec ce que l'autre moitié était encore incapable de faire.

Une fois le pouding terminé, Gary a jeté la tasse et la cuiller dans la poubelle sous le lavabo.

« N'oublie pas de m'apporter ce stylo, ai-je répété. Je veux utiliser le Mont Blanc qu'Earl m'a offert à Noël — tu te rappelles ? — l'année avant sa mort. Je crois que René, Tony et Evelyn avaient tous contribué. Si tu ne le trouves pas dans mon bureau, demande à Kit de regarder à l'arrière de mon classeur à Humber. Dis-lui de chercher l'étui en cuir dans lequel je le range… »

J'ai continué à jacasser à propos du stylo et à décrire le cahier particulier que je voulais. Ils se sont contentés de hocher la tête. J'étais peut-être trop exigeant. Un enquiquineur. Cela arrive dans les meilleures familles.

« Je suis content que tu te souviennes d'Earl, a finalement dit Gary.

— Évidemment. Je ne l'oublierai jamais. »

Ils m'ont embrassé sur la joue, se sont excusés d'avoir d'autres rendez-vous. Dans le soudain silence de la chambre, je les ai entendus s'éloigner de la porte. Quelqu'un les a rejoints, et j'ai entendu Gary qui hurlait presque dans le corridor :

« Docteur, il fait des phrases complètes ! »

Je suis resté des jours enfermé dans cette unité, mais le Mont Blanc n'est jamais arrivé. Et Marie ne m'a pas apporté de cahier vierge. À ce moment-là, je ne comprenais pas encore que le temps que je passais à St. Michael's éreintait les membres de ma famille et mes amis les plus chers. En fait, ce soir-là, après avoir avalé d'autres pilules, j'avais déjà oublié ma demande de stylo et de papier. Et si Karl m'avait rendu visite avec Kate, qui était revenue de Montréal, comme il me l'avait confirmé au téléphone le soir même, je ne m'en souvenais pas.

Mes deux familles avaient épuisé leur temps et leur énergie pour moi. Je souffrais encore des effets du sevrage des sédatifs reçus à l'unité des soins intensifs, et mon humeur changeait sans préavis. Leurs visites me rendaient confus et je restais souvent silencieux, plongé dans mes pensées, faisant de futiles projets concernant mon départ imminent de l'hôpital, ou encore perdu dans la peur de ne jamais partir. Je ne me rappelais pas ce qui avait été dit d'une visite à l'autre, ce que j'avais demandé, et à qui. La famille me téléphonait, mais j'étais souvent en thérapie, incapable de répondre ; ou bien, quand ils venaient, j'étais hors de ma chambre pour des examens médicaux ; sinon je papotais avec de nouveaux visiteurs, je laissais le téléphone sonner et j'oubliais de rappeler.

Il était grand temps de laisser ce convalescent affairé se débrouiller tout seul.

« Tu vas tellement mieux maintenant, m'a dit Jean.

— On ne peut venir te voir aussi souvent, m'a annoncé Karl. Kate déménage à Montréal. Marie est débordée aux deux magasins et je dois terminer une grosse armoire pour un de ses clients.

— Gary et moi allons chez Tosh en Arizona, a repris Jean. Elle veut que tu lui rendes visite dans sa nouvelle maison quand tu seras rétabli. »

J'ai acquiescé à tout ce qu'ils disaient, mais je savais qu'ils omettaient quelque chose d'important. Après m'avoir accompagné dans ces jours et ces nuits les plus sombres, ils avaient à présent besoin de s'éloigner de moi quelque temps pour se rétablir. Ils voulaient retrouver leurs propres vies.

Comme je reprenais des forces, je voulais moi aussi retrouver ma vie d'avant : je voulais recommencer à écrire. J'ai appelé Mary Jo pour voir si elle avait révisé les trente-cinq pages que je lui avais remises juste avant d'aboutir à St. Mike's.

« Peux-tu apporter ces deux chapitres la prochaine fois que tu viendras ?

— Je n'ai lu que les dix premières pages, a-t-elle répondu. Les cours ont repris et je dois interviewer les nouveaux étudiants et rédiger des rapports. Je suis désolée… tu sais ce que c'est. »

Je ne le savais pas. D'habitude, je lui envoyais mes premières versions et nous passions au travers en quelques jours.

« Mais je peux quand même te rendre visite, non ? a-t-elle demandé en riant.

— Évidemment. »

J'ai immédiatement pris l'hésitation de Mary Jo pour un signe : elle avait hésité parce que ces premières pages étaient mal écrites ; pis encore, elle savait quelque chose sur mon état de santé et ne voulait probablement pas me dire que ce roman ne serait jamais achevé.

Nous étions amis depuis dix-sept ans. Au début de notre relation, Mary Jo se moquait de mes idées sur les signes, ma façon de les voir et de les interpréter. « Les survivants font attention aux signes », m'avaient inculqué les pionniers du vieux Chinatown : une porte qui se fermait brusquement toute seule indiquait la présence d'un fantôme ; trouver de l'argent sur le trottoir signifiait qu'on aurait de la chance à la prochaine partie de *fan-tan*[1] ; le regard menaçant d'un inconnu, notre propre humeur inquiète, l'apparition fortuite de notre insecte ou de notre animal préféré, tout cela indiquait la chance ou la malchance qui nous attendaient et il fallait y porter attention. Remarquer les signes nous donnait la possibilité de changer le cours des choses, de négocier avec les hasards de la vie.

« Je ne crois pas aux signes, Wayson, m'avait dit Mary Jo. Trop Nouvel Âge.

— Rien de nouveau depuis au moins quelques milliers d'années, avais-je répondu. Pas depuis que des nuages en forme de dragons sont apparus devant un des empereurs chinois.

— Au cas où tu n'aurais pas remarqué, avait-elle dit en riant, je ne suis pas chinoise. Je suis irlandaise.

— C'est à peu près pareil. Les Irlandais aussi croient en la chance. Tu n'as jamais acheté un billet de loterie quand tu te sentais chanceuse ?

— Bien sûr, même si les chances sont dingues. »

Les chances étaient dingues, en effet, mais Mary Jo se trouvait avec moi la deuxième fois où je m'étais senti en veine

---

1. Jeu de hasard chinois proche de la roulette.

et que j'avais acheté des billets qui m'avaient fait gagner mille dollars ici, cent dollars là, ou quand j'avais mis mon nom dans une boîte de tirage. Je lui avais raconté la fois où j'étais retourné dans un magasin qui me portait particulièrement chance pour acheter deux autres billets de Wintario, parce que sept était un chiffre chanceux et que je n'avais pris que cinq billets. Ce soir de février 1982, je venais d'avoir l'intuition que c'était mon jour de chance. Mary Jo avait souri. Elle connaissait l'anecdote avant de me rencontrer.

« Et tu as gagné cent mille dollars.

— Oui, avais-je répondu. Fais attention. »

J'ai été troublé en voyant Mary Jo entrer dans ma chambre ensoleillée avec un sac de papier. Elle n'a pas parlé des portes verrouillées qu'elle venait de franchir, ni de mon manuscrit.

« Tiens », a-t-elle dit.

Le petit paquet pesait lourd dans ma main.

« C'est un de tes signes, je pense. Ouvre-le. »

Un petit dragon à la tête tachetée a émergé de pages de journal chinois ; son cou se déroulait d'un corps en forme de coquillage. Cette créature de pierre magnifiquement sculptée se dressait sur sa base de jade. Elle tenait dans ma main comme un presse-papier. J'ai pensé aux pages non lues, non révisées.

« Un dragon de mer, tu vois ? Et il a un corps de tortue.

— Il est superbe », ai-je ajouté.

Elle m'a raconté comment elle l'avait déniché. En route vers l'hôpital, elle marchait d'un pas vif dans la rue Yonge quand elle était passée devant une échoppe où une vieille Asiatique vendait des bibelots. La femme était sortie, elle avait saisi Mary Jo par la manche et avait tiré dessus en insistant pour lui vendre le dragon.

«Apporte chance, avait dit la femme. Apporte bonne santé.»

«La vieille dame ne m'a pas lâchée. Elle voulait absolument que je l'achète. Elle me répétait: "Apporte à quelqu'un bonne chance, apporte à quelqu'un bonne santé. Tu sais que quelqu'un a besoin, peut-être personne malade", et elle a baissé le prix jusqu'à ce que je comprenne que je devais le prendre pour toi. C'est un de tes signes, tu ne crois pas?»

J'ai levé le dragon pour l'examiner de plus près. Les minuscules écailles miroitaient dans la lumière du soleil comme si elles émergeaient d'une mer invisible.

«C'est très beau, ai-je dit. Les détails sont ravissants.»

Lynda, une autre amie, membre d'une troupe de théâtre, avait pris le temps de venir me voir et m'avait apporté un bracelet tressé de tortues de jade. «Pour la longévité», m'avait-elle dit. Ces tortues reliées avaient maintenant un dragon de mer pour les protéger et leur tenir compagnie.

«Tu reprends des forces, Wayson.

— Je peux m'asseoir tout seul.»

J'ai tenté de me redresser.

«Attention!» Mary Jo m'a pris le dragon des mains. «Hé! Tu t'en tires plutôt bien.»

Avec l'effort, ma poitrine s'est soulevée et abaissée. Mary Jo a détourné les yeux un instant, puis elle m'a regardé de nouveau pour voir si j'avais réussi ou si je m'étais effondré. Mon torse s'était affaissé sur une pile d'oreillers, la tête à peine plus haut. Comme j'avais passé vingt minutes à m'exercer avec le déambulateur avant l'arrivée de Mary Jo, j'étais heureusement aussi haut que je le pouvais. J'ai pointé le doigt vers le soleil de la fin d'août. Le déambulateur métallique étincelait contre le rebord de la fenêtre.

«Ils vont bientôt te faire faire du jogging», a dit Mary Jo en riant.

J'ai maugréé à propos de la nourriture — macaroni, petits pois et carottes — réduite en purée.

«Ce soir, je vais manger avec une fourchette et une cuiller, ai-je dit en articulant bien les mots, ma bouche retroussée aux commissures. Je veux un couteau à steak. Je veux un steak.»

Mary Jo semblait si compréhensive que je n'ai pu m'arrêter.

«Et tous mes amis me manquent. Tu devrais voir les cartes et les messages que j'ai reçus. Je pourrais pleu...

— Allons, Wayson, tu n'es pas du genre larmoyant!»

Elle a pris le dragon et l'a tenu devant moi. J'ai examiné la statuette de jade.

«Oui, c'est un signe puissant, ai-je fini par admettre.

— Tu crois? Cette vieille dame était comme le Vieux Marin quand elle me tirait par la manche et insistait pour que je l'achète.»

Lisant dans mes pensées, Mary Jo a souri.

«Le premier jour de ta guérison complète, je commencerai à travailler avec toi sur les deux derniers chapitres de ton roman, Wayson.» Elle m'a fait signe d'ouvrir ma main. La créature mythique a glissé de ses doigts et trouvé sa maison. «Je te le promets», a-t-elle ajouté.

Chapitre 8

Les messages déconnectés de mon cerveau — ma mémoire motrice — trouvaient maintenant leur route jusqu'aux bons muscles : plus j'en faisais, plus je m'exerçais, et plus les messages qui voyageaient depuis mon cerveau retrouvaient leurs chemins habituels.

Inspirant profondément et soupirant encore plus profondément, je suis finalement sorti tout seul dans le large corridor qui dessinait une courbe. Aucune trompette n'a résonné. Personne n'a rien remarqué ou n'a paru porter attention à moi. J'ai levé mon déambulateur, traîné les pieds devant des patients silencieux de tous âges, aux yeux enfoncés. C'est peut-être injuste, mais leur triste état m'a incité à travailler plus fort à ma guérison. Sous mes ordres, mes bras et mes jambes, mes doigts et mes orteils se sont assouplis. *Je ne suis pas toi, pas toi,* pensais-je en regardant, plein de compassion, chacun des êtres brisés que j'évitais de percuter, comme s'ils étaient contagieux. *J'ai la chance d'être moi,* me répétais-je à l'infini.

Un jour, une femme d'aspect misérable a tourné la tête et m'a lancé un regard hostile. Je l'ai ignorée et j'ai tenté de lever ma marchette pour la dépasser. Elle a toussé avec un son guttural et craché dans ma direction. Elle m'a raté. L'espace d'une seconde, j'ai eu envie de soulever ma marchette et de lui en donner un coup sur la tête. Mais elle s'est enfuie, et l'infirmière l'a surprise à cracher vers un autre patient. Puis, cette femme a craché au visage de l'infirmière. De la bave a coulé sur le joli visage. Personne n'a réagi.

« Mademoiselle J., il ne faut pas faire ça », a dit la responsable, puis elle a calmement pris mademoiselle J. par la main et l'a ramenée à sa chambre.

J'ai compté jusqu'à dix, puis, m'estimant heureux, j'ai recommencé à marcher.

J'ai continué de m'entraîner. Pour m'encourager, les préposés à l'entretien levaient discrètement leurs pouces en l'air, les aides-soignants m'adressaient des sourires. À leur façon ordinaire et fière — la façon dont certains manipulaient leur serpillière et frottaient le sol, dont d'autres tenaient des plateaux en équilibre ou roulaient des chariots de linge à laver, la façon dont, comme des renards, ils faisaient tous attention à tout et à toutes les personnes autour d'eux —, ils me rappelaient les aînés de l'ancien Chinatown, toujours dignes, même s'ils devaient accepter n'importe quel travail pour subvenir aux besoins de leur famille.

Un jour, ignorant les petites crampes et les grondements dans mon ventre — des signes, ça aussi, bien sûr —, je n'ai pas réussi à me rendre jusqu'aux toilettes et j'ai fait plus que mouiller le plancher. Quelqu'un est apparu avec des essuie-tout spéciaux grands comme des serviettes et quelqu'un d'autre s'est aussitôt présenté avec une serpillière et un seau pour nettoyer les dégâts.

« Ne vous en faites pas, monsieur », a dit Martin dans son anglais musical. Son badge affichait les mots « Préposé à l'entretien ». Martin avait un vrai sourire pour chacun. Il avait le pouvoir de faire en sorte que même les spécialistes médicaux les plus hautains, perdus dans leur propre prestige, le remarquent et lui rendent de mauvaise grâce son sourire.

Sa peau foncée luisait et son accent antillais chantait. « Peut arriver à moi aussi. »

Une infirmière de Taiwan, menue et délicate, est venue me laver. J'étais épuisé et j'ai dû m'asseoir, nu et humilié, sur une chaise de douche évoquant la cuvette des toilettes. La petite femme tenait un tuyau d'arrosage qui pleuvait sur moi ; elle s'est ensuite penchée légèrement et a baissé le tuyau pour que l'eau chaude éclabousse mes testicules.

« Levez-vous, s'il vous plaît, monsieur, m'a-t-elle demandé. Tournez-vous un peu de ce côté. »

J'ai obéi en souhaitant de tout mon cœur que, avec son jeune visage, ses yeux adorables, elle n'ait pas à observer mon corps flétri dans l'impitoyable éclairage de la salle de bains.

Découragé, j'ai regardé les replis froissés de mon ventre creux, qui avait déjà été ferme. Je me suis soudain rappelé comment, à neuf ou dix ans, j'avais trouvé une surprise dans une boîte de Cracker Jack. À ce souvenir, j'ai de nouveau regardé mon corps.

La surprise consistait en un livret de personnages de bandes dessinées qu'on pouvait retourner, joyeux quand ils étaient tenus dans un sens et tristes dans l'autre. Il y avait un Bouddha qui me souriait lorsque je le tenais bien droit et j'avais hésité à le renverser. En observant le visage de caricature que dessinaient les replis de ma peau, j'aurais voulu avoir un gros marqueur noir pour ajouter des moustaches juste au-dessous du nez nombril ; ensuite, je pourrais me tenir sur la tête pour un maximum d'effet : les moustaches se transformeraient alors en postiche pour mon visage de Bouddha intime.

J'inventais cette plaisanterie pour me protéger et je voulais que la jeune femme y participe, qu'elle rie avec moi. C'est ce que je faisais dans mon enfance, quand les aînés de Chinatown me racontaient leurs drôles d'histoires et imitaient des visages de bandes dessinées. Je riais avec eux. On rit avec les vieilles personnes.

Penchant la tête, j'ai pointé le doigt vers mon ventre et attiré l'attention de l'infirmière.

« Vous voyez le nez nombril ? ai-je dit. Regardez les yeux avec leurs rides, un ici, l'autre là. Voyez-vous le grand sourire ? Voyez-vous Bouddha ? »

Au lieu de rire, elle a fait un geste vers ma tête. « Bouddha », a-t-elle dit. Elle a indiqué mon cœur et dit : « Bouddha. » Elle a indiqué mes orteils et répété : « Bouddha, Bouddha... *tout* Bouddha. »

Elle a incliné la tête, comme si elle faisait une légère révérence. Puis, elle a continué de me frictionner le dos.

« S'il vous plaît, monsieur, a-t-elle dit en me tendant la débarbouillette, vous lavez en avant. »

Elle a levé son tuyau d'arrosage et aspergé ma poitrine. Dans l'éclairage brillant des douches, le jet a reflété des diamants noirs.

Dans mon lit, longtemps après les heures de visite, j'écoutais la sonnerie qui signalait les entrées et les sorties tardives. Un soir, après une journée de petites victoires, j'ai aperçu de ma fenêtre la pleine lune suspendue au-dessus de la cathédrale. Je me suis alors vu me lever hardiment, enfiler une chemise propre, remonter la fermeture éclair de mon pantalon neuf et chausser mes plus beaux souliers. Je me suis vu marcher à grandes enjambées et franchir les portes. Fier de moi, je cherchais des yeux mon reflet dans ces grands panneaux de verre. Au début, je respirais facilement. Puis j'ai senti ma poitrine se serrer brusquement tandis que j'apercevais un visage qui me fixait du regard. S'il ressemblait au mien, ce visage avait une lividité mortelle. De la main, j'ai cherché la pompe sur ma table de chevet. J'ai inhalé une première, puis une deuxième bouffée de salbutamol, mes poumons se sont ouverts comme ceux d'un dragon. Et je me suis rappelé un vieil adage de Chinatown : *Quand les choses vont bien, regarde derrière toi.*

Je n'avais pas regardé, j'avais voulu ignorer le regard fixe de mademoiselle J., et quelque part au fond d'elle, là où elle était encore saine d'esprit, elle savait que je l'avais insultée, et elle m'avait craché dessus.

À la visite suivante de la famille et de Mary Jo, je leur ai raconté ce crachat, l'accident que j'avais eu dans le corridor, et comment tout le monde s'était précipité, sans se plaindre, pour nettoyer ces deux dégâts.

« Ce sont des anges qui travaillent ici, a remarqué Marie. Je ne suis pas religieuse, mais je reconnais les anges quand je les vois.

— Michael était un de ces anges, bien sûr, a dit Mary Jo.

— Et Treasure, a ajouté Karl. Treasure était fantastique. »

Je les ai regardés sans comprendre. Je ne me souvenais pas du tout de Treasure.

Pour me sortir de la noirceur, je m'étais confié à des douzaines de mains invisibles, des mains expertes et des mains ordinaires. Sans parler de toutes ces personnes inconnues qui se chargent du travail de bureau, qui tiennent les dossiers à jour, les comptables, et celles qui nettoient, qui cuisinent, qui lavent et qui récurent, celles qui traitent avec les politiques relatives à la gestion d'un hôpital. J'ai été sauvé par un invisible réseau de compassion, par des gens qui ont subi sans en parler des situations difficiles et survécu à des famines, des guerres, des révolutions, pour sauver des gens comme moi. Debout devant mon déambulateur, j'ai regardé les infirmières, les aides-soignants, les préposés à l'entretien et les patients.

J'ai fait un pas, un autre, puis encore un autre.

Mes progrès rapides ont incité l'équipe médicale à me sortir de cette section fermée à clé. On m'a transféré dans un hôpital de réhabilitation, à trois pâtés de maisons de chez moi, à Riverdale. Quand on m'a conduit vers l'ambulance en fauteuil roulant, des patients en chemise d'hôpital, dont quelques-uns étaient voûtés sur leurs cannes et leurs marchettes, m'ont entouré pour assister à cette activité inhabituelle : une personne habillée comme eux s'en allait en plein jour.

Sept d'entre eux m'ont regardé faire un geste d'adieu ; deux ont essayé d'agiter la main à leur tour. Les portes de verre se sont refermées derrière moi.

Chapitre 9

J'étais absolument satisfait de partager une chambre semi-privée perchée à un demi-mille du panorama de Don Valley : j'aimais contempler de loin les voitures rouler sur les huit voies de l'autoroute et les rangées nocturnes de phares clignotants. À l'hôpital de Riverdale, j'étais censé retrouver l'usage de mes jambes et, après quelques mois de physiothérapie supplémentaire, marcher de façon autonome.

« Bientôt, vous marcherez jusqu'à chez vous, m'a assuré l'infirmière. Vous pouvez presque apercevoir votre maison en regardant par la fenêtre au bout du couloir. »

J'avais déjà regardé quelques fois et pensé : *Si près et pourtant si loin…* Je manquais encore trop de confiance en moi pour renoncer au déambulateur dont j'étais devenu malgré moi dépendant, non seulement comme support physique, mais aussi, soyons franc, pour attirer la sympathie des autres. Si j'étais capable de m'en éloigner d'une dizaine de pas, je ne pouvais en faire que huit pour revenir à ma marchette. *Avais-je compté sur cette « chute » spectaculaire vers le déambulateur pour couper le souffle à mes visiteurs, faire bondir mon thérapeute, accélérer les battements de mon cœur ?* Après avoir vu ce spectacle deux fois, mon ami Richard, qui connaissait l'art de la scène — il aimait arriver aux soirées déguisé en travesti scintillant d'opéra cantonais, ou en costume de courtisan du XVIIIe siècle, en habit de nonne — a décidé de me mettre au défi. Au huitième pas, je tremblais beaucoup, comme il fallait s'y attendre.

«Arrête de te comporter en reine de tragédie, Wayson», m'a-t-il dit. À son ton pragmatique, j'ai redressé ma colonne vertébrale. «Rentre ton ventre, fais ces derniers pas et finissons-en. Quand je viendrai lundi prochain, je veux te voir essayer de faire trente pas dans les deux sens et te débarrasser de ce machin. Avec trente pas, tu te rendras jusqu'aux ascenseurs et à la salle de télévision, et avec trente autres, tu reviendras à ta chambre. J'ai compté pendant que tu jouais à la bonne femme bâton. Fais-le.»

Je l'ai fait.

Mais même les encouragements de Richard ne pouvaient améliorer mes aptitudes motrices fines, lesquelles, pour des raisons que mon cerveau refusait de révéler, ne coopéraient pas. J'ai recommencé à laisser tomber des objets, plus gauche que je ne l'étais à St. Mike's. J'étais toujours incapable de tenir un stylo et d'écrire lisiblement mon nom. Des livres ouverts me glissaient des doigts. De nouveau, je m'épuisais facilement, soudain fatigué sans raison, comme si je régressais, ai-je confié à Richard.

«Tu es stressé, m'a-t-il répondu. Je vais demander aux sœurs de prier pour toi. Dépêche-toi de retourner à ta chambre.»

Je lui ai plutôt pris le bras et nous y sommes retournés ensemble, lentement.

Leo, mon nouveau compagnon de chambre, de dix ans mon aîné et aussi distingué qu'un modèle de publicité pour retraités, a souri en revoyant mon ami. Nous étions tous trois des camarades de la même orientation.

Leo avait été chapelier à Yorkville pendant les années soixante. Il avait dirigé avec succès une boutique de mode et, quand il avait pris sa retraite, il avait assez d'argent pour s'acheter un bel appartement dans Avenue Road. Il avait soixante-dix ans quand, un jour, il avait trébuché sur un tapis à longs poils et s'était fracturé des os importants de la cheville et de la jambe. Après deux opérations bâclées, il avait perdu l'usage de ses jambes. Un fauteuil roulant électrique était garé près de son lit à côté de la fenêtre. Il possédait une collection de classiques hollywoodiens sur vidéocassettes et il nous les passait, à mes visiteurs et à moi, quand nous en avions envie. Une grosse télé de location était suspendue au-dessus de son lit. Sur l'étagère du rebord de sa fenêtre, il y avait une Bible et quelques romans imprimés en gros caractères. Il adorait Zane Gray[1].

«Wayson retournera chez lui bien avant moi, a-t-il dit à Richard. Je suis collé à ce lit.

— Je pense comme vous», a répondu Richard en remontant une couverture sous mon menton, car il faisait froid dans la chambre à cause de l'air conditionné. «Sa famille torontoise prépare sa chambre pour son retour. Un vrai bazar. *Believe It or Not* de Ripley[2] va…

— Bonne nuit, Richard», l'ai-je interrompu.

J'étais trop fatigué pour penser au désordre que j'avais laissé derrière moi, dans une autre vie.

Karl et Marie avaient consulté l'équipe médicale à propos de mon retour à la maison. Il fallait libérer mon espace de vie des tapis où se ramassait la saleté, retirer de la pièce au grenier les livres, les papiers, les vieux vêtements, tout ce qui attirait la poussière, l'humidité, le pollen ou la moisissure.

---

1. Auteur de romans d'aventures américain mort en 1939.
2. *Believe It or Not* est une franchise traitant d'événements et d'objets étranges. Il s'agissait d'abord d'un journal conçu et dessiné par Robert Ripley en 1918.

« Est-ce que cela représente un problème pour monsieur Choy ? »

Qu'est-ce que Karl et Marie ont dû penser alors ? Je collectionnais de façon maniaque depuis vingt-cinq ans, et ces collections formaient de hautes piles dans — et autour de — douze bibliothèques et trois bureaux pleins à craquer ; j'avais rangé des draps et des vêtements sous le lit à deux places. Ce serait un travail d'excavation herculéen, nécessitant une équipe de bénévoles.

Accompagné de ses fidèles Sheltie et Lilly, Ken, mon assistant et archiviste officiel, a déployé toute son énergie pour recruter des amis et les contraindre à donner un coup de main. Quelques étudiants se sont même proposés : s'ils croyaient que leur professeur menait une vie élégante, ils ont dû perdre leurs illusions. Notre voisin est sorti sur le trottoir, se demandant ce qui faisait trembler les murs.

« Joe ! lui a crié Karl, on va enfin découvrir où Jimmy Hoffa[1] est enterré ! »

Des caisses de livres ont rempli le sous-sol du plancher au plafond. Ken a fait de son mieux pour ne déranger personne pendant qu'il classait frénétiquement mes documents pour les archives. Pendant qu'il étiquetait et emballait mes dossiers désordonnés et mes lettres, souvenirs et enregistrements, il a été « congédié » par un vote majoritaire parce qu'il ralentissait tout le monde. Mais cela ne l'a pas empêché de sauver et d'étiqueter secrètement tout ce qu'il pouvait, reconnaissant dans chaque objet, chaque bout de papier, ma manie de rassembler, d'entreposer, de conserver.

Ne se doutant de rien, des connaissances qui passaient par là ont été forcées de se joindre aux douzaines de parents et d'amis fidèles pour emballer et soulever plus de cinquante

---

1. Ancien dirigeant syndicaliste américain, disparu mystérieusement en 1975.

caisses ayant contenu des bouteilles d'alcool, et trente boîtes d'épicerie, encore plus grandes, à présent remplies de livres et de trésors enveloppés ; ils ont mis des brassées de vêtements dans des sacs-poubelles et ont descendu le tout trois étages plus bas.

Kate m'a téléphoné de sa résidence à McGill et m'a raconté comment son père avait travaillé toute la nuit à démanteler la douzaine de bibliothèques en teck verni, comment une équipe de quatre personnes, jurant comme des charretiers, avait porté les étagères et non pas un, mais trois bureaux rafistolés au sous-sol.

« Je serais surprise que ces gens te réadressent un jour la parole », a-t-elle conclu.

Richard est allé presque chaque jour donner un coup de main à la maison. Il m'a raconté comment Karl avait brandi sa hache, déchiqueté le lit trop grand, démoli le sofa d'occasion et écrabouillé deux tables de chevet et quelques vieilles chaises.

« Qu'est-ce que tu faisais avec *trois* chaises de cuisine empilées l'une sur l'autre ? » Richard a levé la main au-dessus de mon lit d'hôpital. « Et toutes ces boîtes de papier à lettres fantaisie et d'enveloppes dépareillées ? C'est absurde. »

J'avais eu des projets. Je prévoyais sabler et revernir ces chaises poussiéreuses achetées chez Goodwill [1]. Je voulais écrire quelques milliers de messages en fine calligraphie à tous mes amis et lecteurs. En fait, j'avais des douzaines de stylos plumes de collection pour prouver mes bonnes intentions. L'abondance signifiait la possibilité, elle voulait dire que la vie avait un avenir avec un bureau débarrassé du superflu, une chaise solide et le plaisir d'une correspondance à l'ancienne, d'une impeccable pile d'enveloppes sur

1. Magasin vendant des produits d'occasion au profit d'œuvres de bienfaisance.

lesquelles j'aurais estampillé de jolies images et apposé des timbres spéciaux, prêtes à être mises à la poste. Quant aux trois chaises à barreaux tournés, au dossier orné d'une feuille de chêne gravée, j'avais l'impression que chacun de mes filleuls serait fier d'en hériter un jour. À présent, j'avais le cœur gros à la pensée qu'on se débarrassait des choses dans lesquelles j'avais investi tant de bonnes intentions.

Résolu à ne rien me cacher, Richard a poursuivi, et j'ai imaginé comment cela s'était passé : de la bourrure de matelas, des copeaux de bois, des tasses et des bols ébréchés dégringolent par la fenêtre arrière. Une variété de carpettes duveteuses explose en bombes de poussière. Des tas de chandails démodés, de vestes achetées au surplus de l'armée sur lesquelles des symboles de paix sont épinglés, de blousons en denim brodés de slogans, de pantalons pattes d'éléphant, tout cela prend joyeusement son envol dans les airs. Quelques longues chemises se déploient dans la brise et se déposent sur l'arbre de la cour comme des drapeaux blancs.

Pour la grande finale, un tapis à longs poils au centre rouge et orangé, un tapis que Marie pensait que j'avais donné des années plus tôt, atterrit sur la terrasse. Un gros nuage atomique en forme de colonne s'élève dans le ciel de la fin de l'automne.

Je suis retombé dans mon lit d'hôpital comme un enfant vaincu.

« Tu respirais toute cette poussière dans ta chambre, m'a dit Richard, le visage assombri d'inquiétude. *Sérieusement*, je veux dire. »

J'ai admis que, en fait, je n'avais pas vraiment remarqué. *Sérieusement.* J'ai bougé ma tête sur l'oreiller. Richard s'est penché et, passant doucement son bras sous mon épaule, il m'a redressé. Je me suis assis et j'ai pris une gorgée d'eau glacée. Il s'est mis à chuchoter d'un air conspirateur.

«Veux-tu que je te parle des crottes de souris momifiées?

— Non, ai-je répondu. Merci.»

Mais Richard ne s'est pas laissé abattre. Il était déterminé à me faire comprendre l'énorme défi qui avait poussé à bout famille et amis.

«Wayson, a-t-il commencé, tu dois savoir que tout le monde va te faire la morale. Je ne fais pas la queue pour avoir ce privilège.»

J'ai haussé les épaules. Je ne pensais qu'à ce que j'avais perdu.

«Tu dois savoir, a-t-il répété, que le pauvre Karl a finalement dû louer un camion pour tout enlever de la terrasse arrière, un gros conteneur de chantier de construction.»

A-t-il vraiment dit *conteneur*?

Dans quelques siècles, sur le site d'un ancien terrain vague de banlieue, une main curieuse farfouillera dans mes précieux rebuts et s'émerveillera devant les dinosaures miniatures en plastique, les poupées disloquées, les stylos desséchés, les lambeaux de vêtements en décomposition, les bouts de tapis nattés, les tessons de tasses à café, les huit cents crayons achetés à une vente au rabais. J'ai imaginé, dans un futur quelconque, un anthropologue, les sourcils froncés, interrogeant l'air pollué: «Autrefois, ces objets voulaient dire quelque chose pour quelqu'un. Mais quoi?... Et *pourquoi?*»

Bonne question.

C'était la faute de ma tante Anne. Avec oncle Harry, elle était venue habiter chez nous quand j'avais cinq ans. La veille de Noël, j'avais vu un arbre nu dans le salon et on m'avait dit de surveiller ce qui se passerait quand le père Noël viendrait. Mon père et ma mère ne m'avaient pas prévenu de son arrivée.

À mon réveil, il y avait un arbre décoré et plein de cadeaux, une grosse voiturette rouge remplie à craquer, un fusil jouet qui ressortait parmi les jeux de table, un costume de cow-boy avec son chapeau parfaitement adapté à ma tête, des camions, des animaux et des soldats miniatures et... et plus de rires et de sourires déversés sur moi qu'à l'occasion de mes anniversaires. La joie de l'abondance.

C'était la faute du père Noël.

Chapitre 10

Le matin du 11 septembre 2001, j'étais couché, les yeux fermés contre la lumière qui entrait par les fenêtres. Dans mon lit, mon déjeuner à moitié mangé, je m'apprêtais de mauvaise grâce à affronter une autre journée à l'hôpital.

Je m'ennuyais. Ma guérison se révélait *extrêmement lente*. Carol n'avait cessé de rappeler aux cinq membres de mon groupe de thérapie qu'il y avait des succès de plus en plus significatifs dans ces journées où «rien-ne-se-passe». À cette fin, on me faisait faire des exercices au sol : allongé sur un tapis, je devais lever et abaisser en cadence mes bras et mes jambes auxquels étaient fixés des poids d'une et de deux livres. Nous avions tous, petit à petit, enregistré d'importantes améliorations. «Mesurables», s'extasiait Carol en lisant des chiffres de ses notes. Les doigts et les membres se pliaient ; les articulations réagissaient ; les réflexes se déclenchaient ; les muscles du cou se renforçaient. Deux personnes du groupe utilisaient désormais leurs couverts au déjeuner sans les laisser tomber. L'assistante de Carol avait noté que deux d'entre nous pouvions à présent enrouler nos orteils autour d'un bâtonnet de la grosseur d'un crayon pendant cinq à dix secondes *mesurables*.

Mes doigts étaient toujours incapables de saisir un stylo, d'en propulser la pointe sur une feuille de papier, de libérer les phrases de ma tête. Je n'avais pas osé laisser mes doigts pianoter sur le clavier dans la salle de lecture. Si je manquais mon coup ? Au moins, mes orteils pouvaient s'enrouler autour du bâtonnet et tenir pendant plus de cinq secondes. Les orteils étaient comme des doigts. Il y avait de l'espoir.

J'ai jeté un coup d'œil vers Leo, voulant parler avec lui de nos progrès, mais il était occupé à ajuster ses écouteurs pour le talk-show matinal. Il n'éprouvait aucune difficulté à plier ou à bouger tout ce qui se trouvait au-dessus de ses chevilles. Lui-même m'avait encouragé pendant les premiers jours, et je voulais lui dire qu'il y parviendrait aussi avec ses orteils. Il a continué de bricoler avec la télécommande. J'ai laissé tomber ma tête sur l'oreiller et je me suis retourné pour faire face à la porte ouverte.

L'heure du déjeuner touchait à sa fin. J'entendais se rapprocher le bruit de ferraille du chariot de Rosie, dans le couloir de l'aile est, chargé de thermos d'eau vides et de plateaux de vaisselle.

«Fini manger?» demandait Rosie aux patients des chambres de quatre et de six lits. Sa voix résonnait plus fort dans mes oreilles. Dans quelques minutes, elle pointerait sa tête et nous avertirait de sa présence: «Ex-ah-cuse si vous plaît!»

Il me restait encore assez de temps pour m'occuper des reliefs de mon déjeuner. Je me suis assis et j'ai essayé de manger encore un peu. Rosie fronçait toujours les sourcils devant les restes.

J'étais désormais habitué à l'horaire de l'hôpital: je recevais les premières pilules à 7 h 30; le déjeuner était servi vers 8 h et Rosie arrivait habituellement vers 9 h dans la section des chambres semi-privées de l'aile ouest, où nous nous trouvions, Leo et moi. Nous prenions normalement notre douche vers 11 h. Sur ma table de chevet, le réveil de voyage indiquait l'heure et les minutes et, au cas où j'éprouverais le besoin de les compter, les secondes. Leo se contentait d'utiliser son horaire télé et ses émissions préférées — comme *The Today Show* à 9 h 30 — pour marquer le temps.

J'ai avalé une autre cuillerée de la bouillie laiteuse empilée dans mon bol de céréales.

«Mangez plus de fibres! m'avait recommandé l'infirmière ce matin-là en me regardant prendre mes pilules. Vous devez aller à la selle.»

Pour dire la vérité, j'avais moins d'appétit que quand j'avais quitté St. Mike's dix jours plus tôt. Peut-être à cause du stress causé par le fait d'avoir dû partir et m'adapter à ce nouvel environnement, aux changements de routine, mon esprit inquiet s'effondrait et, sans oublier que je me sentais assez bien pour céder à ma tendance à nier ou à exagérer les possibilités futures — ou leur absence —, quelle que soit la raison, j'avais retrouvé ma nature paresseuse. Je ne voulais qu'une chose: rester dans mon lit et dormir toute la journée.

Comme je n'avais pas vraiment fait tous les exercices d'amplitude du mouvement qui m'avaient été recommandés, je n'avais pas stimulé mon appétit. Selon l'horaire imprimé, je devais effectuer toute une panoplie de mouvements au réveil, en commençant par ma tête et en descendant jusqu'à mes orteils. Manger mon déjeuner. Répéter la liste. Je le faisais à ma façon: je remuais mes orteils pour faire cesser les picotements du matin; je tournais lentement la tête à quelques reprises en laissant mon regard errer du plateau-repas à la fenêtre ensoleillée.

Je me complaisais à penser que l'imagination est force de guérison vitale: contente-toi de *penser* que tu vas bien, et tu iras mieux.

J'ai fait un pas de plus.

Pense aux exercices, me disais-je. *Pense à faire les plus rigoureux, et tu seras un jour capable de les faire.*

«Notez la façon dont vous bougez votre corps», m'a dit Joe, le thérapeute que j'avais consulté le deuxième jour de mon arrivée ici.

115

« Noter ?

— Oui. »

Ses biceps bronzés se gonflaient chaque fois qu'il levait son crayon pour souligner ce qu'il voulait dire.

« Noter quoi, Joe ?

— Tenez un journal intime mental. Faites le compte de vos routines physiques. Combien de fois vous entrez et sortez du lit ? Vous sentez-vous plus fort quand vous vous poussez jusqu'au bord du matelas ? Avez-vous encore besoin de beaucoup d'aide pour aller à la salle de bains ? »

Il m'a énuméré d'innombrables façons de noter les mouvements du corps. J'aimais le regarder bouger ses mâchoires et pointer le doigt vers les différentes parties de son propre corps. Je lui ai adressé mon plus séduisant sourire en me demandant quel gel il utilisait pour ses cheveux blonds. Ses yeux bleus et ses traits sculptés me rappelaient Paul Newman dans *La chatte sur un toit brûlant*; sa voix de baryton me berçait. Bien qu'endormie depuis très longtemps, et presque oubliée, ma libido se portait bien.

« Et, monsieur Choy, notez si vous avez encore besoin de beaucoup d'aide pour enfiler vos chaussettes. Et qu'en est-il de la douche ? Y bougez-vous sans chanceler ? »

J'ai hoché la tête et, l'espace d'un autre moment délicieux, je me suis demandé de quoi il avait l'air sous la douche, avec ses six pieds deux, l'eau éclaboussant ses larges épaules.

La nouvelle infirmière est passée devant nous une deuxième et une troisième fois pour le dévisager, la bouche ouverte. Je l'ai enviée. Elle était assez jolie pour lui faire tourner la tête. Il l'a tournée. Deux fois. Puis son regard est revenu vers moi.

« Et vous êtes-vous servi du déambulateur aujourd'hui, monsieur Choy ? Vous cramponnez-vous à la rampe dans le corridor ? Comment est votre prise ? Ce sont tous des exercices, et *tout* cela compte.

— Très bien, Joe, ai-je répondu. Merci. »

Comme c'est brillant, ai-je pensé. J'étais ravi, content : même si je n'avais compris que vingt pour cent de ce qu'il m'avait dit, j'avais au moins saisi l'essentiel de son discours. Sans abandonner la partie, il a pris ma main dans les siennes.

« Je sais qui vous êtes, monsieur Choy, a-t-il dit. J'aime *La pivoine de jade* depuis que nous avons étudié le roman à l'école secondaire.

— Cela doit faire quelques années, ai-je répondu, réconforté par son sourire inattendu. Vous vous en souvenez encore ?

— Absolument. En classe, j'ai participé à un débat sur le jeune boxeur.

— Vraiment ?

— Ouais, parce que quelqu'un a dit qu'un boxeur ne pouvait pas être une tapette. J'ai répondu que même un athlète pouvait l'être.

— Comme vous ? ai-je risqué.

— Certains l'ont pensé. »

J'ai éclaté de rire. « Ça ne vous dérangeait pas ?

— Pas du tout, monsieur Choy.

— Je vous en prie, ne vous gênez pas pour m'appeler Wayson.

— Wayson. »

Joe m'a serré la main un peu plus fort, peu importe pourquoi, puis il s'est hâté de rejoindre la jolie infirmière. « Ce type est un écrivain », l'ai-je entendu lui dire.

✦

Pendant que j'étais étendu dans mon lit ce matin-là, encore inspiré par la franchise et la bonne volonté de Joe,

117

je me suis répété ses paroles et j'ai commencé à me concentrer sur mes doigts, à les pousser pour les faire danser, bouger, ouvrir le petit godet de confiture Kraft. Je savais que j'en avais ouvert souvent mais, pour une raison ou pour une autre, je ne parvenais pas à amener mon cerveau à collaborer avec mes doigts. Je n'ai pas paniqué ; je savais que cela reviendrait, comme tout le reste. C'était juste que certaines choses exigeaient plus de temps.

Quelques jours plus tôt, Leo m'avait enseigné la technique adéquate : 1) localiser le minuscule rabat — je n'avais eu qu'à tâtonner pendant cinq minutes pour découvrir qu'il existait vraiment —; 2) tirer ce rabat jusqu'à ce que le dessus du godet se déroule ; 3) retirer la confiture avec un couteau !

Mais je trouvais plus efficace de percer ce satané godet avec une fourchette et de presser sur la chose. Des grumeaux de confiture suintaient sur mon pain grillé. De petits pets de fée ponctuaient la procédure.

Les yeux fermés, dos à lui, j'écoutais les mouvements provenant du lit de Leo. Je savais qu'il était matinal, éveillé avant le lever du jour, s'apprêtant à faire bouger ses jambes endommagées, les sortir du lit, puis passer une autre journée presque tout le temps couché.

Je l'entendais remuer derrière moi, relever son lit avec la manivelle et s'asseoir tout seul contre une pile d'oreillers. Ensuite, il organiserait soigneusement son royaume : thermos d'eau, tasse, papiers-mouchoirs et boîtes de chocolats, magazines et l'urinoir en plastique bleu. Quand elle apercevait nos deux tables encombrées, Rosie plissait le front, rétrécissait ses yeux et secouait la tête. Sur la mienne, il y avait une demi-douzaine de livres et de cahiers vides pleins de bonnes intentions, des revues, des cartes et des lettres me souhaitant un prompt rétablissement, une boîte de kleenex, une trousse à crayons, du papier à lettres, des bouteilles d'encre (bleue et rouge) et un bracelet en forme de tortue entourant un dragon de mer sculpté.

«Wayson?» Dans mon dos, Leo parlait tout bas, cherchant à attirer mon attention.

Nous avions conclu un pacte, comme de gentils prisonniers partageant une cellule. Quand l'autre tournait le dos, cela signifiait: *Ne pas déranger — Somnole ou réfléchit*, ou *Veut qu'on le laisse tranquille.*

J'ai de nouveau entendu sa voix et cela m'a arraché à mes cogitations sur l'éventualité de faire vraiment mes exercices.

«Wayson?» D'un demi-chuchotement, sa voix grave s'est élevée suffisamment pour me sortir de ma torpeur. «*Wayson?*» Il m'a vu remuer. «Wayson, s'il te plaît, *regarde* l'écran de la télé.»

Je me suis retourné du côté de Leo et j'ai regardé l'écran de vingt pouces suspendu au pied de son lit.

Sur l'écran, dans un ciel bleu et clair, quelque chose comme de la fumée dérivait du milieu de ce qui pouvait être une grosse cheminée ou un immeuble.

«Qu'est-ce qu'on voit là, Leo?»

J'ai ajusté ma vision et distingué une structure de nervures et de fenêtres rectangulaires.

«C'est le World Trade Center à New York.» Leo décrivait l'événement d'une voix de lecteur de nouvelles. «Un avion vient de percuter la tour Nord.

— Un avion privé?

— Probablement. Impossible d'imaginer qu'un pilote de ligne ferait ce genre d'erreur.»

Leo et moi avons continué de regarder en secouant la tête, claquant nos langues à l'unisson comme des membres d'un chœur grec. Des nuages noirs de plus en plus épais ont serpenté puis commencé à s'élever en tourbillons dans le ciel désert.

La caméra a reculé. On voyait maintenant l'horizon de New York et les tours jumelles. Leo a monté le volume. L'annonceur semblait au bord de la panique.

«Comment un pilote d'expérience a-t-il pu ne pas voir la tour?» ai-je demandé.

J'ai dégluti. J'ai tenté d'inspirer profondément pour chasser les images cauchemardesques de gens piégés aux étages supérieurs qui regardaient l'avion foncer dans leur direction. Je suffoquais. J'ai pris ma pompe et j'ai inhalé.

«L'avion avait peut-être des… des ennuis mécaniques, ai-je suggéré.

— Le pilote a peut-être eu une crise cardiaque et perdu le contrôle.

— Tu as raison. C'est arrivé au cousin d'une personne de ma connaissance. Il a démoli sa voiture pendant un infarctus. Une catastrophe.»

Pendant les quelques minutes où nous étions restés tétanisés devant l'écran brillant de la télé, le chariot de ramassage avait atteint notre chambre. «Ex-ah-cuse, si vous plaît!» Je me suis tourné et j'ai repoussé ma table afin que Rosie puisse prendre mon plateau et la vaisselle utilisée.

«Pas faim? m'a-t-elle gentiment demandé. Je laisse toast et confiture?

— Non, merci, Rosie. Pas ce matin.»

Haussant les épaules, la petite femme a pris mon plateau et a tendu la main vers celui de Leo sans s'intéresser à ce qu'il regardait. Il était trop absorbé pour lui rendre son sourire.

«Regardez, Rosie, ai-je dit en indiquant l'appareil de télévision. C'est à New York.»

Son sourire s'est évanoui.

«Un avion…» a commencé à expliquer Leo.

Mon Dieu! a hurlé une voix de femme à la télé. *Mon Dieu! Oh! Mon Dieu!*

Leo a monté le volume. Des cris et des hurlements ont fait trembler notre chambre d'hôpital. Une deuxième voix a jailli des haut-parleurs : *Un autre avion! Un autre avion arrive!*

Tous les trois, nous avons vu le contour très net d'un gros avion alors qu'il plongeait directement sur la deuxième tour, se déployait en une boule de fumée noire et de chaleur blanche. Des côtés de la tour Sud immaculée, une autre boule de feu a explosé.

J'ai jeté un coup d'œil à mon réveil de voyage : neuf heures et quelques minutes.

Leo a brisé le silence.

« Qu'est-ce qui se passe?

— Fou, a dit Rosie d'une voix pleine de colère. Des personnes folles. »

Après un moment, sa voix s'est étranglée, ses bras se sont mis à trembler, ses yeux se sont assombris. Elle a saisi nos deux plateaux avec la vaisselle qui tressautait dedans et elle s'est précipitée hors de la chambre. Par la suite, elle me raconterait des histoires de sa jeunesse au Vietnam : le massacre qu'elle n'avait jamais oublié, et les deux bombes qu'elle avait vues tomber. Dans ses yeux, j'ai vu tomber sur son frère et ses deux sœurs le napalm qui adhère à la chair, les boules de feu monter de son village. Rosie avait tout de suite compris ce qui se passait à New York.

Leo a éteint la télé. Dans le silence, j'ai écouté ma propre respiration et entendu les roues du chariot de Rosie couiner et cliqueter dans le corridor. À l'extérieur de notre chambre, des voix ont résonné : des gens s'appelaient, disaient de courir vers un appareil de télévision. J'ai entendu quelqu'un crier : « Rosie! Rosie, ralentis! »

Chapitre 11

Après plus d'un mois de thérapie à l'hôpital de Riverdale, je ne me tenais plus aux rampes et je n'avais plus besoin du bras de Richard pour garder mon équilibre. Je marchais maintenant d'un pas vif. Ouvrir les godets de confiture ne me causait plus aucun problème. Les jours et les semaines ayant suivi les attentats terroristes à New York m'avaient donné une raison de réduire l'ampleur de mes problèmes à sa juste mesure et de réveiller mes cellules cérébrales. J'ai pris mon stylo, un stylo-bille du magasin à un dollar, j'ai écrit des cartes de remerciements et demandé à Ken de les mettre à la poste. J'étais plus mobile, mais pas encore prêt à retourner à ma vie passée.

Redeviendrais-je un jour l'écrivain et le professeur que j'avais été?

Continue, me disais-je. *Grimpe une petite colline à la fois. L'Everest peut attendre. Commence par sortir d'ici sur tes deux jambes.*

J'ai simplifié mes objectifs de façon à accomplir une petite chose chaque heure, chaque jour. J'ai refusé de me soucier de l'avenir. J'ai souvent pensé à ceux qui avaient perdu leur vie le 11 septembre et à ceux qui avaient, de façon absurde, perdu des êtres chers. J'ai pensé à la mort de ceux qui pilotaient ces avions, tous trompés par leurs idéaux juvéniles et leur volonté de tuer, tous engagés envers ce jour meilleur dont ils rêvaient eux aussi. Et c'est alors que j'ai clairement vu que, même si j'en rêvais, l'avenir pourrait ne jamais arriver.

Donc, ai-je raisonné, que puis-je faire aujourd'hui? À cette heure-ci? En ce moment? Quels autres cadeaux les dieux nous donnent-ils à part ces quelques secondes précédant notre prochaine respiration?

J'ai fait attention.

Avec compétence, Carol m'a montré comment me concentrer sur un corps que j'avais négligé (Leo était maintenant, hélas, à un autre étage). Elle m'a de nouveau expliqué comment faire attention au tonus musculaire, au temps de la guérison, à faire attention aux temps de repos, à laisser les connections entre mon cerveau et mes muscles trouver leur chemin sans qu'une angoisse maladive à propos de l'avenir ne vienne interférer. J'ai assimilé quatre-vingt-dix pour cent de ce qu'elle m'a dit.

À Riverdale, il y avait un beau patio entouré d'un haut mur de briques; des bénévoles y avaient planté avec amour des arbres et des plantes grimpantes autour d'un étang où nageaient des poissons rouges et de minuscules tortues. Là, j'ai passé des heures assis à une table à l'ombre d'un parasol, à lire, à regarder les tortues grimper sur les petites pierres pour se chauffer au soleil, ou se placer de façon à absorber l'éclat des écailles mordorées qui frémissaient autour d'elles, puis s'enfouir dans les profondeur de l'étang comme des idéogrammes dessinés à l'encre dorée.

Je marchais partout sur le terrain de l'hôpital, sans jamais me presser, remarquant à peine Don Valley au loin et les voitures qui filaient à toute allure sur l'autoroute, et je ne pensais à rien d'autre qu'à ceci: ces journées de repos et d'exercices effectués consciencieusement étaient un cadeau. J'avais gravi la première colline, puis une deuxième et une troisième, encore plus haute, puis une autre. Je marchais de façon complètement autonome, je montais des escaliers en m'appuyant à la rampe, à pas prudents, et je me sentais parfois propulsé par les images des tours jumelles étouffées sous la fumée noire et les cris avant de s'écrouler. C'est terrible que cette tragédie m'ait incité à continuer ; pourtant, pendant cette période de convalescence, toutes les pensées noires me donnaient une sorte de lumière qui me poussait en avant.

Un jour ensoleillé d'octobre, Carol et le personnel médical m'ont autorisé — « Si vous en avez envie, monsieur Choy » — à parcourir les trois pâtés de maisons jusque chez moi, « pour un après-midi de congé ».

Marie m'a apporté des vêtements de ville propres, mon chandail préféré et un nouveau manteau pour me protéger du vent d'octobre. Je me suis habillé tout seul et Marie m'a aidé à nouer les lacets de mes chaussures. J'ai traversé le couloir à son bras, non pas parce que j'avais besoin d'aide, mais pour le pur plaisir de sa compagnie. Nous avons pris l'ascenseur et sommes sortis vers Broadview en direction de la maison.

J'ai savouré chacun de nos pas lents. Le long des deux pâtés de maisons vers notre demeure victorienne en briques, les couleurs d'automne luisaient dans les arbres qui diffusaient leur ombre. L'air automnal sentait la terre froide et humide. L'hiver était à la porte mais, pour paraphraser Camus, j'avais l'impression qu'un genre d'été éternel s'attardait dans l'air.

Marie a finalement mis sa clé dans la serrure de notre porte et elle est entrée. J'ai ouvert tout grand. Assise dans le vestibule, Belle attendait. Elle n'avait pas été nourrie et surveillait la personne qui s'avancerait et ouvrirait une boîte de victuailles. C'était bon de voir que Belle n'avait pas changé.

« Allô, Belle », ai-je dit.

Elle s'est levée et a trottiné vers son plat vide au cas où je penserais avoir d'autres priorités.

Je me suis assis un moment à la table de la cuisine. Karl travaillait dans son atelier ; Marie lui a demandé de nous rejoindre. Je me suis souvenu que Kate terminait sa session d'automne à McGill.

« Je me sens tellement bien, assis là, même si ce n'est que pour l'après-midi, ai-je dit.

— Content de te voir ici, Wayson. »

Belle a miaulé en voyant Karl entrer. Il l'a ignorée et il est venu me faire une accolade.

« Tu peux prendre un café ?

— Oui, si c'est toi qui le fais, ai-je répondu.

— Qu'est-ce que tu en penses ? » a dit Marie, et ils ont éclaté de rire.

« Tu penses qu'on accepterait que tu le fasses et que tu nous empoisonnes ? a dit Karl.

— Tu veux voir ta chambre, en attendant le café ? » m'a demandé Marie en m'effleurant la main.

J'étais prêt. Pour ainsi dire. J'avais l'estomac noué. En repensant à ma manie des collections, je n'ai pu m'empêcher de me sentir également un peu penaud. Je devais rester calme. Mais j'ai d'abord décidé d'ouvrir une boîte de Fancy Feast pour mon amie à quatre pattes pendant que Karl remplissait la cafetière. J'ai tendu le bras et ouvert l'armoire à la recherche d'une boîte de nourriture pour chat. Karl a voulu la prendre pour moi.

« Laisse-moi faire », ai-je dit, et j'ai pris l'ouvre-boîte. J'utilisais désormais mes mains de façon très efficace. J'avais même rédigé à la main une note pour demander au médecin de changer l'heure d'une prise de sang, et chaque mot était clairement *écrit*, contrairement aux cartes que j'avais gribouillées pour quelques amis, ce qui les avait incités à m'appeler et me demander si j'avais commencé à peindre avec les doigts ou si j'étais devenu aveugle. Leo m'avait dit que mon agente devrait publier le message au médecin dans le magazine *Maclean's* juste pour informer mes quelques lecteurs que j'étais toujours vivant et que j'*écrivais* encore.

J'ai manipulé maladroitement l'ouvre-boîte. Je me suis agenouillé à côté de Belle. J'ai vidé la boîte dans le petit bol, et son museau humide a aussitôt, sans délicatesse, repoussé ma main. Je l'ai remise sans plus de délicatesse où elle était, j'ai caressé la tête de Belle et je me suis relevé lentement. La queue de Belle s'est dressée dans les airs. J'ai pensé à la queue de cette diablesse de Renarde quand elle croquait joyeusement la chair et les os bouillis des enfants désobéissants, imprudents.

«Je suis prêt à voir mon ancien royaume dans le ciel», ai-je déclaré.

Je me suis levé et nous nous sommes dirigés d'une démarche assurée vers l'escalier, celui que j'avais failli dégringoler ce jour du mois d'août quand mes poumons et mon cœur avaient commencé à me lâcher.

Avec Marie devant moi et Karl derrière, j'ai gravi la dernière étroite marche cloisonnée qui menait à ma chambre. J'ai inspiré profondément et retenu mon souffle. J'ai tourné la tête pour regarder cette chambre naguère familière. Ma ruche pleine à craquer avait disparu. L'endroit semblait désormais *vide*, comme une caverne pleine d'échos.

Pour la première fois depuis presque vingt ans, j'ai vu les murs blancs. Des murs nus. Pas d'images. Pas d'affiches. Pas de tableau d'affichage. Tout avait disparu. La pièce était creuse. Stérile. Quelques piles de carreaux de bois franc évoquaient de petites pyramides au centre de la chambre. Des boîtes de peinture et des seaux étaient alignés le long d'un mur. Dans un coin au fond de la pièce, des tringles enveloppées dans des rideaux beiges se tenaient au garde-à-vous comme de lointains soldats. Couverte d'un film de colle de contact, la moitié de l'espace nu du plancher miroitait. Pas un grain de poussière en vue.

«Le plancher sera de chêne naturel, a dit Karl, dont la voix a résonné dans la chambre. Nadine m'a aidé à sabler et à peindre les murs. Les gens ont été des saints.

— Ta chambre sera complètement refaite avant qu'ils en aient fini avec toi à Riverdale», a ajouté Marie en faisant son geste habituel de son bras de décoratrice.

Les relents de peinture et de colle m'ont fait suffoquer. Nous sommes descendus, Karl devant moi, Marie derrière.

Je savais que bien des dos éreintés, des bras épuisés travaillaient depuis des semaines. Par la suite, chacun des membres de l'équipe m'a juré, par téléphone, par écrit ou en personne, que j'étais foutu si je retournais à mes anciennes habitudes. Jean et Gary m'ont gentiment rappelé notre ami Bob, qui avait une fois passé une nuit dans ma chambre à Caledon et avait observé le lendemain: «J'adore la première dizaine de choses de tout ce que Wayson collectionne.»

J'ai tenu à ce que Marie et Karl me laissent retourner tout seul à l'hôpital. Belle s'est éclipsée dès que j'ai ouvert la porte. Il ventait. Marie a boutonné mon manteau.

«Marcher tout seul m'aidera à retrouver ma confiance en moi», ai-je dit.

Ils n'ont pas discuté.

J'ai griffonné dans mon carnet: *16 h 15. Viens de rentrer. Enlevé mes vêtements de ville et remis ma chemise d'hôpital. Me suis installé pour souper et bavarder avec Leo. Mes yeux se remplissent de larmes...*

Le chaos de ce que tout ce que j'avais un jour possédé a commencé à envahir mon esprit. J'ai posé le stylo. J'allais devoir affronter un avenir privé des objets du passé, des souvenirs symbolisant des personnes et des époques, qui ne subsistaient plus que dans ma mémoire. Tous ces biens avaient-ils signifié si peu pour ceux qui m'aimaient?

Leo a dû me trouver un air un peu perdu. Il savait que j'étais allé revoir pour la première fois ma chambre au grenier et il savait tout ce qui concernait le nettoyage, le camionnage, le triage et... N'avait-il pas connu ça lui aussi, la perte de ses collections, de ses meubles: tout ce qu'on pouvait bouger avait été retiré de son appartement d'Avenue Road. Oui, et je n'avais pas prêté assez attention à la douleur dans sa voix quand il m'avait parlé de la vente aux enchères et des marchands d'antiquités qui misaient de petites sommes sur ses tableaux et son argenterie, des amis qui réclamaient ses biens...

«Bonjour, Leo, ai-je dit. Je n'ai pas l'intention de rester couché ici sans rien te dire.» J'ai reniflé un peu. Mon nez coulait. Le pollen d'automne.

Assis dans le fauteuil à côté de son lit, mon voisin de chambre a levé les yeux de ses lunettes de lecture et m'a demandé: «Qu'est-ce qui ne va pas, Wayson?

— Je viens de voir ma chambre, ai-je répondu en m'épongeant les yeux. C'est complètement vide. Ils ont refait les planchers... repeint...

— Évidemment», a chuchoté Leo.

Il m'a lancé sa boîte de kleenex.

«Je comprends. Ce doit être les vapeurs de la peinture.»

Dix jours plus tard, alors qu'une rafale d'automne faisait vibrer les fenêtres, j'ai tenté de faire mes adieux à tout le monde à Riverdale. Rosie a raté mon départ, car elle était retournée chez elle au Vietnam avec des cadeaux pour sa famille. Quelques membres du personnel avaient apporté des exemplaires de mes livres pour que je les dédicace. J'ai signé d'un geste théâtral, ma main d'écriture ayant magiquement retrouvé sa force. Au dernier moment, Carol est venue me dire que j'avais été une de ses plus grandes réussites et qu'elle ne voulait plus me revoir comme patient à Riverdale. Leo m'a offert un manteau d'alpaga qu'il avait dessiné pour lui-même dans ses jeunes années ; il tombait sur moi comme une robe et touchait presque le sol. Le tissu fauve me donnait l'impression d'être le roi Lion — ou de porter son pelage.

« Wayson, a dit Leo en secouant la tête, tu vas être chic cet hiver. »

Karl est arrivé, il a salué Leo, mais il n'a rien dit en voyant le manteau sur mes épaules. « Es-tu prêt à rentrer à la maison ? Où est ta valise ? » Il s'est hâté de me faire sortir de la chambre.

« Comment te sens-tu de quitter cet endroit ? m'a-t-il demandé dans l'ascenseur.

— Je me sens bien. Une chose est sûre : je ne veux pas y revenir.

— Que vas-tu faire de ce manteau ? a-t-il poursuivi en pensant certainement aux piles de vêtements qu'il avait sortis de ma chambre.

— Je ne sais pas », ai-je répondu, sentant venir le début d'un affrontement.

Le manteau était peut-être un signe, du moins pour Karl.

« Qu'est-ce qu'on mange pour souper ?

— Des steaks et du maïs en épis. »

J'étais chez moi.

Ce premier soir, Marie m'a dit de laisser la porte de ma chambre grande ouverte au cas où j'aurais besoin de les appeler.

« On va laisser aussi notre porte ouverte, a-t-elle ajouté. Comme ça, on sera moins inquiets. »

Une fois dans mon lit, un grand sentiment de culpabilité a perturbé mon sommeil. Je me tournais, me retournais et je voyais des visages respirer à travers des nuages gris qui sortaient en tourbillons de ma chambre, des bras qui s'efforçaient de rassembler, d'empiler et de jeter, des visages tordus de frustration qui me regardaient convoiter de plus en plus de choses. Je me suis vu, humilié et repentant comme un moine, dans une chambre où il n'y avait qu'un petit lit et une lampe au plafond.

Je me suis réveillé et j'ai regardé à travers les nouveaux voilages. Une pleine lune luisait entre des branches nues et je n'ai pu m'empêcher de sourire en pensant à combien on m'aimait.

Il reste quelques collines, me suis-je entendu chuchoter, et j'ai baissé les yeux.

Assise à côté de mon lit, Belle semblait attendre patiemment que je dise quelque chose.

« Je veux *plus*, ai-je murmuré. Plus de tout. »

TROIS

Un monde à la fois.

Henry David Thoreau

Chapitre 12

Après tout ce que ma famille élargie et mes amis avaient déjà fait pour moi, j'étais résolu à reprendre ma vie en main. Avec sa prévenance habituelle, Karl avait installé une solide rampe pour me permettre de monter et de descendre l'escalier avec confiance. Une chaise en plastique m'attendait sous la douche. Je pouvais désormais évacuer tout souvenir des dangers passés et commencer à célébrer mon rétablissement et ma guérison. Pendant ces deux derniers mois de 2001, en tant que patient externe de l'hôpital, j'étais résolu à respecter l'horaire strict de mes rendez-vous.

«Tu as intérêt», a dit Karl.

J'ai été un patient parfait pendant ma réhabilitation. Je suis allé à toutes les séances conçues pour me redonner des forces et augmenter mes aptitudes motrices. Nous avions des feuilles d'exercices à rapporter à la maison. Je m'y attelais au point qu'un des thérapeutes de l'hôpital me qualifiait de battant.

Fleurs, chocolats, cartes et lettres me souhaitant un prompt rétablissement sont arrivés à la maison pour m'accueillir, et mon éditeur, toujours patient, m'a envoyé un énorme bouquet de fruits sculptés, accompagné d'un message. Tous ces gestes d'encouragement de mes amis — les lampions que Walt et Bernice allumaient dans des niches à l'église, les prières amérindiennes pour mon âme païenne, la soupe hongroise au poulet de Margaret, les infusions d'herbes de Tony et Evelyn, les marmites de bouillon que l'Irlandais Michael concoctait d'après une recette de sa belle-mère chinoise —, tout cela m'a aidé à retrouver ma routine familière. Comme lire une douzaine de journaux et de revues pour rattraper le temps perdu, et écrire un peu à l'ordinateur. Plier mon linge frais lavé. Cuisiner. Manger au restaurant. Faire quelques courses au centre commercial du quartier. Conduire de nouveau ma Toyota.

Contre l'avis de Karl, je me suis bientôt mis à sortir en voiture dans toutes sortes de conditions hivernales. Avide de cette bonne compagnie qui me manquait tant, j'allais souper avec des amis, je me rendais à des réceptions où je restais tard, et j'ai fêté le Nouvel An.

« Fantastique, répétais-je à tout le monde au moins deux ou trois fois, à chacune de ces occasions. Dire que j'aurais pu *manquer* tout ça ! »

À la moindre respiration sifflante, à la moindre toux, les compagnons vigilants qui m'avaient emmené — tous des gardiens — me pressaient de me reposer un moment ou d'utiliser ma pompe.

« Encore trop maigre », a observé Kate quand elle est venue passer une fin de semaine à la maison. Son franc-parler m'a convaincu que j'avais bien meilleure apparence. On ne peut jamais être trop maigre.

Je suis allé voir *Le seigneur des anneaux* avec Mary Jo, et j'ai psalmodié sans arrêt mon mantra de gratitude. « Fantastique, disais-je tandis que mes yeux buvaient ce terrain montagneux. J'aurais pu *manquer* tout ça !

— Chuuuuut », chuchotait Mary Jo.

« Schhhhh », sifflait Frodon à l'écran.

Soudain, brandissant leurs épées, des créatures encapuchonnées sur des destriers fougueux sont apparues dans un grondement de tonnerre. Je me sentais vivant et heureux.

En janvier 2002, près de six mois après mon traumatisme, je suis retourné à Humber pour donner un cours d'anglais par semaine. Je me conformais au régime santé établi par la nutritionniste et j'ai été autorisé à me rendre à Vancouver quand mon roman, *La pivoine de jade*, a été choisi comme «le livre que toute la ville devrait lire». J'étais très occupé : je tournais en rond avec mes projets et mon écriture, j'acceptais des invitations, je prenais des rendez-vous et je voulais donner plus de cours. Me tenir occupé assurait aux roues qui tournaient dans ma tête que j'étais de nouveau responsable de ma vie et bien vivant.

J'étais épuisé, joyeux, en plein déni.

Les deux premières semaines ayant suivi mon retour de Vancouver, j'ai dormi plus que je n'en avais jamais eu besoin : je faisais au moins trois siestes par jour. Je les faisais en secret pour éviter à la maisonnée de s'inquiéter à mon sujet. Après tout, j'avais le vent en poupe et n'avais besoin que d'un peu de repos de temps en temps.

Quand le docteur David a voulu savoir comment je m'en étais tiré à Vancouver, j'ai répondu fièrement : «J'ai tout fait, David», en rayonnant de satisfaction.

Aux questions sensées du bon docteur sur mon état mental, j'ai préféré ne pas l'ennuyer en lui mentionnant les hallucinations imprévues que je devais chasser, comme la visite inopinée de la Reine de l'eau, une nuit. J'ai plutôt dit en plaisantant que j'étais plus fou qu'avant. Je lui ai répété ce qu'un membre de l'équipe de Riverdale avait dit de mes cellules grises après la dernière série d'examens de ma mémoire et de ma dextérité verbale : «Félicitations, monsieur Choy. On dirait que tous vos défauts sont intacts.»

De nouveaux objets, des *choses*, occupaient ma chambre au grenier. J'ai supplié Karl d'y remettre quelques bibliothèques.

Il m'en a accordé deux. Les tablettes ont vite été remplies et des piles de livres se sont multipliées sur le plancher. Karl avait conservé la plupart de mes dossiers de recherche et des notes que j'avais prises pour mon roman, et il avait rangé le tout au sous-sol dans des caisses de carton. Je les ai remontées, ainsi que les boîtes de papier à lettre et le papier d'emballage dont je ne pouvais me passer. J'ai découvert que beaucoup de mes biens les plus précieux avaient été entreposés dans un garde-meuble. Je m'y suis rendu clandestinement et j'ai rapporté dans ma chambre les trésors qui me manquaient le plus : trois caisses de livres sur l'art, la philosophie et l'histoire de la Chine ancienne.

Je cherchais un endroit où déposer la dernière caisse quand le téléphone a sonné. Un peu essoufflé, je me suis assis et j'ai attendu un instant avant de répondre. C'était Denise, mon agente.

« Il y a un problème ? m'a-t-elle demandé.

— Non, rien. Je suis juste en train de déplacer des choses.

— Tu as l'air hors d'haleine.

— Je vais très bien, crois-moi.

— Assez bien pour aller en Chine dans cinq semaines ? »

Un an auparavant, on m'avait offert d'aller en Chine pour participer au tournage d'un documentaire sur Confucius. J'étais ravi qu'on renouvelle cette invitation. À six ans, j'avais fièrement déclaré en *chinglish* : « Moi, Canada », et les aînés m'avaient rétorqué : « Toi, Chinois ! »

« Un jour, tu retournes en Chine, m'avaient dit quelques-uns. Tu vois que tu appartiens à Chine. »

« Chinois, mieux », insistaient-ils. Toute ma vie, je m'étais demandé qui, d'eux ou de moi, avait raison. Dans

les années soixante, j'avais dénoncé le refus du gouvernement américain de me donner la carte verte parce qu'ils
avaient déjà suffisamment de candidats « chinois » ; j'avais
demandé au premier ministre Pearson d'avoir le courage de
défendre explicitement ma citoyenneté canadienne devant le
Parlement. Pendant toutes ces années, j'étais resté convaincu
d'être canadien, d'appartenir au Canada. Mais, sur le fait
d'être chinois, les aînés en savaient peut-être plus que ce que
je voulais bien admettre. Je n'avais jamais mis le pied sur le
sol chinois ; je n'avais jamais respiré l'air de la Chine.

C'était peut-être assez facile d'être canadien : je n'étais
jamais sorti du Canada. N'empêche que j'avais collectionné
un nombre incroyable d'objets chinois — pièces de jade,
peintures, sculptures, rouleaux calligraphiés, éventails. J'avais
même appris tout seul l'art de l'aquarelle et un peu de calligraphie. À seize ans, j'avais commencé à collectionner des
livres sur le vieux pays et, depuis, des caisses de ces ouvrages
me suivaient partout. Dans les pièces que j'occupais dans la
maison de campagne de Jean et de Gary, des livres chinois,
dont plusieurs avaient été écrits par des missionnaires, gar-
nissaient les étagères. D'autres encore étaient rangés dans des
boîtes en carton chez des parents et des amis à Vancouver.
Non, je ne les avais pas tous lus, mais leurs pages m'attendaient, ils étaient entreposés comme des souvenirs endormis.
Quand j'étais enfin prêt, ils nourrissaient la recherche pour
mes récits sur Chinatown.

En écrivant ces textes, je me sentais davantage chinois.
Je me regardais dans le miroir et je voyais un visage chinois.
Il m'arrivait de me complaire dans l'idée romantique d'être
l'héritier de milliers d'années d'histoire. Et voilà que j'aurais
l'occasion de me promener dans les champs et les collines
où Confucius s'était jadis promené. Avec ces champs et ces
collines, cette terre sous mes pieds, j'éprouverais peut-être ce

que je n'avais jamais éprouvé avant: un sentiment d'appartenance envers la Chine.

La première fois qu'on m'avait proposé ce film, je m'étais préparé en lisant tout ce que j'avais trouvé sur Confucius. J'avais sondé ma mémoire à la recherche de toutes les phrases du philosophe que mon père m'avait citées. Je voulais retracer comment les idées de Confucius, comme la règle d'or, la nécessité de l'obéissance filiale et la vénération envers nos ancêtres, avaient tissé la vie de ma famille et constitué les thèmes conflictuels de mes récits. Ce mois de juillet, près d'un an après m'avoir fait cette proposition, la compagnie cinématographique me télécopiait le contrat. J'ai annoncé la formidable nouvelle à ma famille torontoise.

«Consulte le docteur David avant de signer et de prendre l'avion, a insisté Marie.

— Dix-huit heures dans une cabine pressurisée: ce n'est certainement pas à conseiller aux gens qui souffrent de problèmes cardiaques», a ajouté Karl.

J'ai demandé l'avis des spécialistes du cœur et des poumons qui m'avaient suivi pendant les longs mois de ma réhabilitation à Riverdale. Ils ont tous compulsé une liasse de rapports sur mes progrès. On m'a demandé de passer quelques autres examens. Je les ai tous passés. Le cardiologue était particulièrement satisfait des résultats.

«Vous ne devriez pas avoir de problème sur ce vol outremer, m'a-t-il assuré. Mais ce n'est pas un de ces voyages organisés où l'on visite dix villes à un rythme effréné?

— Non, ai-je répondu comme un touriste aguerri. Je resterai seulement dans une petite ville de la province de Shandong.

— Où?

— À Qufu. J'aurai douze jours pour explorer l'ancienne ville natale de Confucius.»

Comme c'est fantastique! Tu vas visiter la mère patrie de ta famille, m'ont répété les gens l'un après l'autre. *Tu verras ce que signifie le fait d'appartenir à une si fière lignée. Tu découvriras tes racines! Tu retourneras à ta véritable histoire, tu sauras ce que c'est que d'être chinois!*

Je n'ai mentionné à aucun membre de l'équipe médicale que j'allais participer à dix jours de tournage intenses. Le bon docteur m'a prescrit une série de cachets dont j'aurais besoin pendant mon séjour en Chine.

Quand je suis retourné voir le docteur David, je lui ai tendu l'ordonnance et lui ai parlé de mes projets pour le mois d'août. Il m'a donné une boîte de masques chirurgicaux.

«En cas de besoin... Où vont-ils te filmer?

— Surtout dans la campagne et autour du parc du temple de Confucius à Qufu.»

David a ajouté à la liste cinq comprimés d'urgence pour soigner les infections, soulager les problèmes gastriques et neutraliser toute réaction hyperallergique au cas où j'aurais à attendre les soins médicaux.

«Imagine, a-t-il dit. Tu jetteras un regard neuf sur toute cette histoire ancienne. Je t'envie.»

À la pharmacie, alors que je vérifiais le nombre de mes pilules, j'ai également lu pour la première fois la longue liste d'effets secondaires potentiels: douleurs gastriques, éruptions, crampes dans les muscles et les articulations, quelques «rares» réactions du foie et des reins, vision déformée, hémorragies internes... Inquiet, j'ai téléphoné à David et lui ai récité cette liste d'effets à court et à long terme.

«Wayson, m'a-t-il interrompu. Il faut bien mourir de *quelque chose.*

Nous faisions escale à Vancouver avant de changer d'avion pour Beijing. J'en ai profité pour parcourir la dernière version du découpage avec Trevor, le réalisateur, un homme perspicace, capable d'évaluer rapidement une situation.

« Ne t'en fais pas trop à propos de ces changements, m'a-t-il dit pendant que nous montions dans l'avion. Un scénario de documentaire n'est jamais coulé dans le béton. Trop de choses peuvent arriver. Pense seulement à être toi-même devant la caméra. »

Quel moi-même, me suis-je demandé, la pelure ou la banane ? Trevor a vu mon air déconcerté.

« Tu t'en tiens à l'idée directrice, a-t-il continué en m'aidant à ranger mes bagages à main au-dessus de mon siège en classe bestiaux. Tu es l'écrivain qui recherche Confucius à travers deux mille ans de mythes. Tu cherches l'homme, pas seulement la légende qui a tant marqué ta famille chinoise. »

J'appréciais ce scénario. Les dictons de Confucius, sa sagesse et sa philosophie avaient profondément influencé la façon dont on élevait les premiers fils comme moi à Chinatown.

Quel genre d'être humain était-il pour avoir établi ce principe de sa philosophie : « Ne fais pas aux autres ce que tu ne voudrais pas que les autres te fassent » ? Selon Confucius, la peur de la façon dont les autres peuvent nous nuire est le moyen de dissuasion le plus précis et le plus universel. Ce concept diffère absolument de celui qui a marqué la culture occidentale : « Fais aux autres ce que tu aimerais qu'ils te fassent. » Comme il est dangereux de supposer que ce qui plaît à autrui pourrait me plaire. Aucun des enseignements de Confucius n'a jamais concerné l'après-vie, aucun n'a jamais considéré la possibilité d'un ciel ou d'un enfer. Il s'occupait de la façon de vivre sa vie au présent. Après avoir survécu à ma presque mort, j'étais ému par sa réponse lorsque, parlant de la mort, un de ses disciples lui avait demandé : « Mais qu'est-ce qui vient après ? »

Confucius avait répondu : « Si tu ne comprends pas la vie, comment comprendras-tu la mort ? »

Quand j'ai lu cela, j'ai vu un homme libre de vivre pleinement sa vie, ne faisant aucun compromis avec les hommes ou les dieux.

J'aimais la poésie de ses pensées, une poésie qui apparaissait aussi naturellement que des dessins à l'encre sur un parchemin. Ceux qui détenaient le pouvoir étaient comme le vent, et les gens évoquaient une mer d'herbe penchée vers le bien ou le mal selon l'exemple du maître. Confucius tenait les puissants comme responsables et l'un d'eux voulut d'ailleurs le faire assassiner. Mais après avoir écouté le vieux maître donner son enseignement à ses disciples, le sbire avait rengainé sa dague.

J'avais une épaisse liasse de notes sur le philosophe et sur sa vie, et j'avais déjà revu toutes mes répliques dans le scénario. Pour être *moi-même*, j'avais modifié le rythme et le phrasé de façon à les faire correspondre à ma propre manière de m'exprimer.

« J'ai une absolue confiance en toi », m'a dit Trevor, ses yeux pâles — gris ou verts ? — fixés sur moi. Il m'a tapoté l'épaule et a poursuivi son chemin vers la classe affaires.

❧

Dans l'avion, mon voisin était un homme d'affaires chinois parlant l'anglais et qui détenait depuis peu un passeport canadien. Il m'a raconté le bonheur qu'il éprouvait toujours à retourner en Chine et à retrouver sa maison et sa famille.

« Vous visitez aussi votre famille ? m'a-t-il demandé.

— Pour ainsi dire. Mais je suis né au Canada. C'est mon premier voyage à Beijing et…

— Oh! oui, mais peu importe le lieu de naissance, on est toujours chinois », m'a-t-il interrompu, répétant ce qu'affirmaient les aînés de Chinatown. «Quand vous verrez la Chine, la splendeur des vieilles choses de la mère patrie, vous comprendrez et vous serez très fier d'être chinois. »

J'étais censé en avoir terminé avec ma partie filmée au bout de sept jours et on m'avait promis deux ou trois jours de vacances à Beijing. Je serais bientôt devant les «vieilles choses», les trésors, les écritures et les édifices datant de milliers d'années.

Une recherche dans Internet m'avait appris que les vents qui soufflaient du désert de Gobi sur la capitale tournaient l'air pollué en microparticules jaunâtres et sableuses qui étouffent et écorchent les poumons, des microparticules qui dissolvent graduellement la patine et la peinture des anciens temples. *La poussière retourne à la poussière*, ai-je pensé, *vieilles ou jeunes, c'est de là que viennent toutes les choses.*

J'avais tous mes médicaments dans mon sac de voyage, quatre inhalateurs et une douzaine de masques chirurgicaux pour combattre l'air néfaste de la Chine. J'ai cambré mon dos contre le siège rigide en m'imaginant en train d'escalader la Grande Muraille, ma pompe prête à me secourir si le désert de Gobi nous envoyait une tempête de sable. Je me réjouissais à l'idée de marcher dans les pas du grand Kublai Khan et de tous les légendaires empereurs de Chine. Si je mourais là-bas, voudrais-je qu'on y disperse mes cendres? Les autres se posaient-ils ce genre de question? Cette pensée m'irritait, comme si tout le monde devait se la poser. La mort est la mort. Je me sentais réconforté par le fait que Confucius se concentrait sur la vie.

À Beijing, mon amie Elaine allait me présenter son cousin, un guide expert qui avait promis d'ouvrir la grille de la Cité interdite une heure plus tôt, pour nous laisser y entrer discrètement. J'allais voir des choses que, d'après ce que j'en savais, mes parents n'avaient jamais vues, et que seuls les opéras cantonais de mon enfance, les films épiques comme *Le dernier empereur* ou les somptueux documentaires de National Geographic m'avaient permis d'imaginer. J'ai fermé les yeux pour ne pas voir le film de kung-fu qui passait sur l'écran devant moi, Jackie Chan qui battait les méchants dans une ville ressemblant à New York.

«Attends de voir la salle du trône, m'avait dit Elaine à Toronto. Nous serons les seuls visiteurs.»

Et si, par mes ancêtres, j'étais lié à quelque famille impériale, ou même à Confucius? J'ai inspiré profondément, me suis assuré que ma pompe était bien dans ma poche et j'ai rouvert les yeux. Jackie Chan a beuglé, brandi son poing dans les airs et fracassé la mâchoire de quelqu'un; il a bondi et brandi de nouveau son poing.

J'ai refermé les yeux.

L'avion grondait dans la nuit. Dans un demi-sommeil, je me suis mis à rêver de nourriture. J'ai imaginé tous les exquis mets chinois qui m'attendaient dans des restaurants raffinés et des pavillons flottants: les plats sautés, les dim sum savoureux, les poissons bondissant de leurs étangs jusque dans des woks géants. Je voyais défiler une variété de viandes indescriptibles et de bols de soupes exotiques dont je respirais les arômes. J'étais prêt à renoncer au régime faible en gras quand une voix invitante m'a arrêté au vol: «Sandwich? Bol de nouilles?»

L'agente de bord a immobilisé son chariot de collations juste à côté de moi et m'a tendu le menu d'une page. Thé

— chinois ou anglais. Café. Boissons gazeuses. Maigre choix de sandwichs — jambon et fromage, salade aux œufs, rôti de bœuf. J'ai choisi les nouilles instantanées japonaises, tendu deux pièces de deux dollars et on m'a dit de laisser le couvercle sur le gobelet pendant au moins deux minutes. J'ai tapoté avec impatience la tasse de polystyrène avec les dents de la fourchette de plastique en me demandant ce que Trevor, confortablement installé en classe affaires, mangeait avec ses baguettes d'ivoire dans un bol Ming en porcelaine.

Les étoiles scintillaient dans le ciel lointain. Je n'en revenais pas d'avoir failli mourir un an plus tôt. J'ai dormi par intermittence et je me suis réveillé au milieu d'un autre film de kung-fu. J'ai alors cru entendre mes poumons crépiter, mais c'était le bruit des ailes de l'avion pendant que nous traversions une zone de turbulence. Un éclair a zébré le ciel. *Searching for Confucius* m'a lentement glissé des mains. J'ai somnolé, je me suis réveillé, et j'ai vu une femme ravissante aux lèvres rouges et pulpeuses : Julia Roberts s'exprimant dans un mandarin irréprochable. Je me suis rendormi.

⚘

Nous sommes arrivés à Beijing courbaturés et les yeux gonflés. Là, nous avons dû monter à bord d'un autre avion pour un vol de deux heures jusqu'à la province de Shandong. Deux heures de voiture nous séparaient encore de Qufu. Jusque-là, j'avais vu l'intérieur de deux aéroports et aperçu au loin quelques villes et villages par la fenêtre de la camionnette. Nous sommes finalement arrivés à un hôtel trois étoiles dans l'ancienne ville natale de Confucius. J'étais trop fébrile pour dormir. Je suis sorti du hall d'entrée pendant qu'on s'occupait de nos bagages et qu'on préparait nos chambres. Dehors, le soleil brillait.

Une grande route entourait l'hôtel. La poussière et la circulation automobile rendaient l'air épais et collant. Des bannières, sur lesquelles des mots chinois étaient écrits, flottaient sur les façades des immeubles; je voyais scintiller d'autres mots sur des tableaux d'affichage pailletés, et d'autres encore sur des enseignes au néon éteintes. Des caisses ficelées et des cages en bois remplies de légumes, de poulets et de canards battant des ailes formaient de hautes piles sur les vélos. Des cochons criaient dans des cages empilées encore plus haut posées sur des charrettes tirées par des motos. Des moteurs rugissaient, comme bloqués en deuxième vitesse. Lorsque tous les véhicules motorisés ou propulsés par des hommes se sont immobilisés, j'ai vu que huit routes s'entrecroisaient à l'intérieur d'un octogone pavé, au centre, avec le même nombre de panneaux de signalisation disposés à chacun des angles. Des chiffres jaunes clignotaient sur les feux de circulation que je pouvais voir; quand ils arrivaient à zéro, le feu rouge devenait vert. La poussière ne s'était pas encore déposée que les piétons s'élançaient pour traverser. Un bip sonore, puis les lumières changeaient et un chaos de véhicules prenait la relève.

Ahuri, je me suis avancé au bord de la route comme le touriste que j'étais. Un camion plein de volailles et d'autres animaux a foncé vers moi, incliné à un angle inconcevable. J'ai fait un bond en arrière. Les bêtes ont crié. Des plumes multicolores ont volé dans les airs. Le chauffeur a accéléré, et le chargement a retrouvé son équilibre. Les avenues s'entrecroisaient en un rond-point central, et tous les conducteurs naviguaient, poussés tant par l'instinct que par le hasard. Un des cyclistes qui transportait un gigantesque chargement d'oies s'est presque renversé. J'ai fermé les yeux en imaginant tout l'espace éclaboussé de sang et d'entrailles. Klaxons et criaillements ont résonné. J'ai pensé aux bouchons qui avaient récemment bloqué les artères de mon cœur et de mes poumons. Quand j'ai rouvert les yeux, le cauchemar était fini.

Rien n'avait été renversé.

Mon regard a été attiré par une silhouette solitaire au milieu du rond-point. Cet homme a ouvert un journal et j'ai cru qu'il commençait à le lire en attendant que change le feu de circulation. Puis j'ai compris que, comme un animal qui gonfle sa fourrure pour avoir l'air plus féroce, il essayait de paraître plus grand, plus important afin d'être remarqué par le flot de véhicules.

L'humidité commençait à me peser. Il était temps de retourner à l'hôtel.

Au comptoir, j'ai parlé avec le directeur et lui ai mentionné la circulation dehors. Il a bien compris mon chinois maladroit et le coup de poing que je me donnais dans la paume.

« Bip bip, ai-je dit, et j'ai imité des bruits de collision.

— Un homme est mort avant-hier », m'a-t-il répondu en faisant un geste vers l'extérieur.

Je suis allé prendre une tasse de thé dans la salle à manger. *Je dois survivre à la Chine*, ai-je écrit dans mon cahier. Mon stylo à la main, j'ai eu envie d'écrire sur la gratitude que je ressentais. Mais je me suis plutôt hâté d'écrire en caractères d'imprimerie : TROUVER UN JOURNAL !

Ce jour-là, le tournage a été reporté. On ne nous avait pas livré l'équipement moderne promis, et trois des six membres de l'équipe semblaient incompétents — sauf qu'ils étaient liés comme il le fallait au contremaître qui les avait embauchés. Il a fallu traduire les échanges explosifs entre

Trevor et ses partenaires chinois, renégocier les termes du contrat. Patrick, le directeur photo et cadreur principal, a dû retourner au quartier général de la télévision chinoise pour s'assurer de recevoir l'équipement adéquat. Le lendemain matin, les deux équipes ont fait connaissance sans trop d'aménité, et nous sommes partis, en voiture et en camionnette, vers notre premier site. L'interprète qu'on nous avait officiellement attribué, un petit homme souriant appelé Francis, nous accompagnait.

«Nous allons voir une place de marché vieille de deux mille ans, m'a annoncé Carrie, la scénariste. L'endroit remonte à l'époque de Confucius.»

Il y aura beaucoup de fantômes, ai-je pensé. Des images de l'ancienne Chine solennelle, avec ses personnages vêtus de tenues éblouissantes, se bousculaient dans ma tête.

⚶

Après avoir mémorisé et répété mon texte, je me suis tenu sur le sol en terre battue, j'ai ajusté le col de mon polo noir et j'ai bricolé avec la boucle de ceinture de mon pantalon kaki. Genoux tremblants, je me suis humecté les lèvres en me préparant à regarder droit vers la caméra. Aucune cérémonie, aucun faste pour nous accueillir: il n'y avait que des bannières flottant au-dessus d'échoppes couvertes d'un auvent. Des enseignes publicitaires déchirées se balançaient dans la brise chaude du mois d'août. Nous faisions les cent pas dans ce marché légendaire où les habitants se préparaient pour les affaires du matin. Ici et là, des vestiges de murs et des piliers brisés sortaient de terre, marquant les frontières de la place d'un vieux village rasé.

Des familles et des marchands indépendants ont rapidement étalé leurs marchandises, suspendu des chemises et des pantalons de travail sur des cordes à linge. Quincaillerie, vaisselle bleu et blanc, casseroles en aluminium et poêlons en fer formaient de hautes piles sur les comptoirs. Montés sur des escabeaux, des enfants accrochaient des cages de la taille d'un poing abritant des criquets chanteurs, symbolisant la chance. Des éleveurs soulevaient des caisses remplies de porcelets et de volaille. Des cuisiniers et des maîtresses de maison venus des petites villes avoisinantes discutaient des prix et de la qualité. Quatre-vingts ans plus tôt, mes parents avaient dû voir une scène semblable au Guangdong, leur province d'origine. L'air avait alors sans doute cette même odeur terreuse de navets, de choux et de viande de boucherie. Mais toutes les voix m'étaient étrangères.

Prêt pour la première prise, je me suis placé devant une mosaïque d'herbes en fagots, de tubercules, de tomates, de caisses d'oignons et de couches de racines de gingembre évoquant des doigts tordus. Trevor m'avait montré une calebasse jaune clair qu'il voulait me voir prendre et examiner. Je devais ensuite la déposer, puis me tourner pour saluer le vieux fermier trapu qui œuvrait dans l'échoppe. Empreint de dignité, cet homme m'a souri avec fierté lorsqu'il a vu pour la première fois son propre visage sur le moniteur portable. J'ai remarqué qu'il avait une incisive cassée. Oui, oui, il voulait figurer dans le film. Mais son enthousiasme n'a pas duré longtemps : il ne s'attendait pas à ce que notre installation — Trevor voulait un rayon de lumière oblique précis — prenne plus d'une heure de son travail au marché. Intimidés par la caméra, les membres de sa famille nous observaient d'une échoppe voisine. Plus loin derrière, ses clients nous regardaient aussi. Deux femmes ont échangé quelques mots avec lui. Quand elles ont compris qu'elles le dérangeaient, elles se sont hâtées d'aller rejoindre leurs amis.

La lumière a enfin répondu à nos attentes. Francis a réexpliqué au vieil homme ce que nous allions faire.

Selon le scénario, je devais parler de ce site historique habité par des esprits pendant que la caméra faisait un panoramique du Ciel à la Terre, du ciel bleu au sol.

« Les disciples de Confucius se sont sans doute promenés dans ce même marché… », ai-je commencé.

Dans deux prises, en gros plan, j'ai demandé au vieillard ce que le légendaire Confucius avait signifié pour lui. Tandis que la caméra fixait le visage ridé et brûlé par le soleil, Francis lui a traduit ma brève question.

Le vieux fermier m'a répondu presque aussitôt. Il parlait d'une voix animée, en dialecte, ses paroles sifflant entre ses dents cassées. Il a agité une main calleuse au-dessus des légumes, l'air de parler de la calebasse que j'avais admirée, et il a terminé en pointant le doigt vers les choux et le panier de navets. Je me demandais ce que ces légumes avaient à voir avec Confucius. J'ai attendu la traduction de Francis.

Après avoir griffonné quelques notes dans un petit carnet, Francis s'est mis à parler dans un anglais officiel. Chacune de ses paroles était une louange au maître Confucius. Curieusement, sa traduction était beaucoup plus longue que la réponse originale. Il s'est tu. J'ai attendu qu'il mentionne les choux et les navets. Ou les calebasses parfaites. Rien.

J'ai posé une deuxième brève question.

Le marchand m'a offert une réponse encore plus laconique, accompagnée cette fois d'un grognement.

Francis a consciencieusement fini de prendre des notes et il a commencé à « traduire » la réponse de l'homme, sans grognement : « Depuis des milliers d'années, le peuple vénère le grand Confucius… » et ainsi de suite.

Le vieillard que nous avons laissé dans l'échoppe semblait consterné. Je ne possédais pas les mots pour m'excuser de notre brusque départ. Je me sentais coupable, comme si nous ne l'avions recruté que pour l'exploiter et que nous l'avions congédié sans le moindre remords.

Je devais maintenant errer entre les échoppes couvertes d'auvents, m'arrêter à l'occasion, comme un descendant de la diaspora visitant le marché de ses ancêtres. Quelques personnes âgées tenaient sur leurs genoux des enfants turbulents au visage lunaire pendant que leurs jeunes parents s'affairaient à emballer des marchandises et à discuter des prix. Poulets, canards et oies engraissées caquetaient dans leurs cages. Derrière, des marmites d'eau bouillante attendaient pour décoller leurs plumes. J'ai pensé à la rue Market, à Vancouver, reconnu l'odeur des volailles abattues, un ruban sanglant s'écoulant de leurs gorges tranchées, vivant leur agonie au fond de barils de bois qui résonnaient comme des tambours.

«On tourne», a dit Trevor.

Avant chaque prise, quelqu'un éloignait sans ménagement les badauds curieux. Les six Chinois de l'équipe se sont placés à leurs postes; l'un d'eux a attendu les directives, puis il a manipulé des rallonges. Des mètres de câble électrique, des enregistreuses, de l'équipement d'éclairage, des générateurs et un moniteur de télévision me suivaient. Et je devais marcher et parler comme si cette équipe bigarrée n'était pas là.

J'étais incapable de m'enlever le vieux Chinois de l'esprit. Je voulais retourner vers lui et lui dire comme il me rappelait les aînés de Chinatown, célibataires, hommes abandonnés par les entrepreneurs des compagnies ferroviaires, congédiés comme si de rien n'était par des patrons blancs qui ne comprenaient rien à leur langue de paysans. J'avais un jour vu mon père s'adresser en vain dans son mauvais anglais à un ivrogne qui l'affrontait dans notre restaurant. Furieux, ce type avait fini par sortir en nous traitant de *maudits Jaunes de merde*. Le vieux fermier avait eu la même expression désespérée que mon père quand il s'était retourné pour nous regarder, ma mère et moi, comme si, tout à coup, il ne pouvait plus respirer le même air, parce que l'air et l'espace, et même sa famille, semblaient ne plus lui appartenir.

Notre journée de travail, comprenant le trajet, les transferts, l'installation, le tournage, plus une pause pour manger, avait duré sept heures. Les prises en panoramique où l'on me voyait arpenter les allées de l'ancien marché ont finalement été mêlées à celles où je marchais dans les échoppes du Chinatown de Vancouver — une éclipse symbolique de deux mille ans dans l'art de faire ses courses. La séquence ne durait pas plus de deux battements de paupières. Entre ces clignements, j'ai pensé à l'homme qui, à Qufu, ouvrait son journal au milieu de la circulation effrénée pour avoir l'air plus gros, plus important; j'aurais voulu moi aussi avoir eu l'air plus gros aux yeux de ce fermier. J'aurais voulu m'être arrêté un instant pour ouvrir mon portefeuille et lui acheter cette calebasse jaune. À la fin, son rôle serait coupé au montage.

🖋

Le huitième jour, alors que, pendant un long arrêt, nous attendions l'arrivée de notre troisième interprète (Francis bénéficiait de quelques jours de congé), je me suis promené avec Patrick dans les parcs imposants dédiés à Confucius et à ses héritiers. Nous avons exploré l'ancien site du manoir familial, la résidence des descendants de Confucius, construite à côté du temple confucéen. Il n'y avait personne. Nous sommes restés à l'entrée de l'une des pièces et nous avons regardé, devant nous, un corridor désert qui s'étirait comme un tunnel de la longueur d'un pâté de maisons et dont les murs étaient couverts de calligraphie chinoise. Nos voix résonnaient dans le complexe aux plafonds hauts.

Dans des rectangles encadrés le long des murs, collés ou cloués à mi-hauteur entre le plafond et le sol, étaient inscrits les noms de plus de quatre-vingts générations ayant reçu le privilège impérial d'une sépulture dans ces hectares de cimetières historiques, leur descendance confucéenne directe documentée sur des lattes de bambou, gravée sur des tablettes de pierre et de bois. Là, dans l'ancien corridor du manoir de la famille Kong, j'ai pensé, plein de déférence, que je devrais enfin ressentir *quelque chose* à propos de ma présence en Chine. Dans mon enfance, les aînés de Chinatown me vociféraient : *Toi, peau jaune! Toi, fier Chinois! Toi, toujours Chinois!* Ici, tout ce qui m'entourait était chinois. Je n'éprouvais pourtant aucune fierté, et je ne me sentais pas *chinois*.

À quoi résistais-je ?

J'ai levé un doigt et effleuré les plaques commémoratives. Comme tout me paraissait *étranger*!

« Peux-tu lire quelques noms ? m'a demandé Patrick.

— Non. »

J'étais capable de lire les chiffres chinois, peut-être même de déchiffrer approximativement certaines dates. Pas plus. « Carrie et toi connaissez plus de chinois que moi », ai-je ajouté.

Ils avaient tous deux appris le mandarin pour tourner leurs films en Asie, suffisamment pour se mériter le respect de l'équipe locale. En fait, Carrie avait grandi en Chine et elle pouvait converser avec Francis. Patrick a compris que je me sentais isolé.

« N'oublie pas que tu es plus lié à tout ça que Carrie et moi ne pourrons jamais l'être », m'a-t-il dit pour me rasséréner.

Faux, ai-je pensé. J'ai haussé les épaules.

Patrick ne lâchait pas prise. « Cet endroit ne provoque rien en toi ? » a-t-il insisté.

Il ne restait qu'un jour de tournage. Au début, j'avais ressenti l'excitation de participer à un film, un sursaut occasionnel de plaisir devant l'œil de la caméra. Mais je commençais maintenant à avoir l'impression d'être un fumiste. Je perdais confiance en moi.

« Tous ces grands dictons de Confucius, a repris joyeusement Patrick. Tu en connais tant, Wayson ! »

Je les connaissais, mais j'avais refoulé mon désir de comprendre *autre chose.* N'étais-je pas chinois ? Du sang chinois ne coulait-il pas dans mes veines ? N'étais-je pas venu ici pour découvrir quelle partie de ma vie et de mes écrits était liée à la philosophie confucéenne ? J'avais secrètement envie d'appartenir à ce lieu historique d'une manière vivante et romantique. *Juste se lier,* avait écrit E. M. Foster. J'avais bien été saisi de respect devant les reliques et les noms gravés. Mais j'avais éprouvé le même orgueil devant les châteaux en Europe, ou devant l'Acropole, non pas parce que j'étais anglais ou français ou allemand ou grec, mais parce que j'étais un être humain et que j'appartenais à une race de créatures capables de produire tant de beauté et de magnificence.

Ici, je ne ressentais aucun lien profond ou sérieux avec quoi que ce soit. Je me suis mis à haleter. Des grains de poussière dansaient dans les rayons de lumière qui s'infiltraient par les fissures dans les murs. Ma poitrine s'est comprimée. J'ai sorti ma pompe et inhalé. Pendant que mes poumons se dilataient, j'ai renoncé à l'idée d'avoir déjà marché dans ces salles, vêtu d'une splendide robe de soie.

« Wayson, n'y a-t-il vraiment rien que tu attendes de ce voyage ? »

La question de Patrick m'est apparue comme un éclair.
J'ai dégluti. J'éprouvais quelque chose d'implacable et de
vrai, une sorte de liberté qui explosait en moi. Malgré moi,
j'ai éclaté de rire et mon rire s'est répercuté dans le couloir
faiblement éclairé du manoir familial.

« Qu'est-ce qu'il y a de si drôle ?

— Confucius a dit : "Je suis une vraie banane !" Sais-tu
ce que je veux vraiment, Patrick ?

— Non.

— Un biscuit chinois. »

Les dernières heures du tournage ont eu lieu tôt le lendemain matin au tombeau de Confucius. Je devais raconter
l'histoire de sa mort à l'âge de soixante-trois ans, les circons-
tances malheureuses dans lesquelles il avait survécu à son fils
unique et à son épouse. Comment, peu de temps après leur
décès, il avait appris celui de son élève favori. Comment il
était mort en croyant avoir totalement échoué : les princes
et les ducs guerriers de son époque continuaient à détruire
et à tuer.

Je suis allé devant la hutte de pierre solitaire construite
en l'honneur de Zi Gong, l'un de ses derniers étudiants qui,
pleurant la perte du maître, avait passé six ans près du tombeau. L'attitude loyale de Zi Gong avait permis que d'autres
personnes viennent se documenter sur Confucius. Les disciples errants du maître qui revinrent se recueillir sur sa
tombe allaient commémorer le site à jamais.

Confucius mourut le cœur brisé, sans savoir que sa
renommée comme enseignant, ses tentatives exaltantes de
civiliser un monde sauvage conviendraient à toute l'huma-
nité. J'ai pensé à mon père qui me récitait les proverbes

classiques et me racontait des histoires mythiques sur ce maître plein de sagesse. Je n'avais évidemment rien écouté, et pourtant un legs m'était destiné à travers deux mille ans d'histoire, à travers les mots de mon père qui avaient volé sans être entendus par mes oreilles qui croyaient tout savoir, et à travers enfin les manières civilisées que mes parents et la communauté du Chinatown de Vancouver avaient inculquées à ma génération. Je me suis senti renouvelé. Une chaîne ininterrompue d'aspirations humaines faisait enfin partie de moi.

À Beijing, la fidèle Elaine m'attendait à l'aéroport. Nous avions projeté de passer deux jours ensemble dans la capitale, mais le tournage à Qufu avait pris plus de temps que prévu et il ne me restait plus que six heures. Je les passerais à l'aéroport de Beijing, à attendre mon vol pour le Canada. Elaine m'a tenu compagnie.

«Comment as-tu trouvé ta première visite en Chine? m'a-t-elle demandé. Comment était Qufu?»

Je ne pouvais pas vraiment lui répondre. Mais tandis que je me frayais un chemin au milieu d'inconnus pour retourner chez moi, j'ai su avec certitude où mes os devaient reposer.

Chapitre 13

Ce voyage en Chine avait exacerbé mon désir de vivre ma vie comme d'habitude, de m'occuper, de me rendre utile et de sentir qu'on avait vraiment besoin de moi. En Chine, j'avais eu de la chance : je n'avais connu ni inversion thermique ni problèmes médicaux. Je n'avais pas été obligé d'utiliser trop souvent ma pompe, et je n'avais même jamais déballé les masques chirurgicaux. Je n'avais pas peur de mourir. La proximité de la mort, je connaissais, j'avais déjà donné. J'ai vite recommencé à vivre ma vie.

À mes trois cours de création littéraire, je donnais deux fois plus de travaux que le nombre exigé. J'ai visité des clubs de lecture et rarement refusé de participer à des activités de bienfaisance. J'ai accepté plusieurs invitations à souper. J'ai écrit et réécrit mon manuscrit, parfois jusqu'à quatre heures du matin. Je me suis promis d'aller à Vancouver faire de nouvelles recherches.

À la fin du semestre, je ressentais les effets du manque de sommeil. Dans un futile effort pour récupérer, je dormais jusqu'à onze heures la fin de semaine et je me réveillais assommé, le goût du rince-bouche à la menthe sur ma langue, maugréant parce que j'avais perdu mon avant-midi à dormir. J'avais la tête pleine d'idées et d'intuitions sur moi-même que j'avais rassemblées en Chine. J'étais survolté par la possibilité de réécrire mon deuxième roman avec plus de profondeur. L'incubation des thèmes — les os, l'appartenance, la famille, le fait de n'être ni ceci ni cela — avait assez duré.

Après avoir feuilleté les brochures de la Fondation des maladies du cœur, les dépliants et les feuillets conseillant des régimes que j'avais pris à Riverdale et à St. Mike's, j'ai mis le tout dans un dossier sur lequel j'ai écrit TRÈS IMPORTANT.

J'avais honnêtement l'intention de rester en bonne santé, mais ma résolution n'a pas tenu longtemps. J'ai d'abord renoncé aux marches rapides quotidiennes — quel ennui! Il faisait trop froid. La glace était traîtresse. L'air gelé était néfaste pour mon asthme. Les exercices que je faisais à l'intérieur ont bientôt dégénéré: je m'endormais sur mon tapis de yoga branché; ou bien j'appuyais ma tête contre la porte du réfrigérateur en me demandant ce que j'allais grignoter après; ou bien je me jetais de tout mon poids, de plus en plus important, contre la portière gelée de la voiture. À trois reprises, j'ai essayé d'en dégager les pneus après une tempête de neige, mais Karl m'a arrêté chaque fois.

«Attention à ton cœur», disait-il en me prenant la pelle des mains. Et il finissait le travail.

Le même automne, j'avais reçu ce diagnostic: je souffrais d'un diabète de type 2. J'avais pris l'habitude de manger sagement — légumes, haricots, poulet sans peau, aucun dessert sucré —, mais j'ai bientôt recommencé à manger cinq fois plus de tout ce dont j'avais envie, dédaignant la plupart du temps les légumes. Croyant dur comme fer que je travaillais jusqu'à l'aube sans avoir suffisamment de combustible dans mon corps, je m'empiffrais de mets réconfortants, steaks, côtelettes et pâtes, et je brunchais de délicieux dim sum chinois pour faire le plein d'énergie. Mes pantalons de taille trente-six m'allaient à merveille. Et si je voulais paraître plus mince, les chandails extra grands se révélaient bien pratiques. Quand je me regardais dans le miroir, j'admirais la façon dont le tissu ample de ma chemise camouflait ma bedaine; mes poignées d'amour ressortaient comme des hanches hautes.

Mes articulations ont commencé à craquer et j'avais l'impression que mes membres étaient lestés de sacs pesants qui m'entraînaient vers le bas. À la fin du troisième hiver, je parvenais à peine à me rendre à ma salle de cours située au troisième étage sans haleter pendant cinq minutes. À la maison, quand je montais l'escalier jusqu'à mon grenier, je m'arrêtais secrètement entre les étages pour reprendre mon souffle. Mon corps demandait de l'attention, et mon cerveau refusait de lui en accorder.

Si ma pompe m'apportait quelque soulagement, une vision me hantait. Je me revoyais à cinq ans. Ma mère me tenait fermement la main pour m'empêcher d'aller vers un groupe d'hommes aux cheveux blancs qui faisaient des exercices traditionnels de taï chi. Nous nous trouvions sur le toit-terrasse en gravier de la fabrique de saucisses chinoises Kam Yen Jan, où ma mère travaillait pendant les années de guerre. Au nombre de cinq — je les avais comptés sur mes doigts —, les vieillards bougeaient leurs mains et levaient leurs pieds comme dans un rêve au ralenti. Au son d'un claquoir, un homme indiquait une figure, «grue debout», et les cinq vieillards se transformaient en grands oiseaux qui ouvraient leurs ailes et se balançaient sur une patte, exactement comme ceux que j'avais vus peints sur des rouleaux. À l'appel «serpent enroulé», les corps raides et minces devenaient des reptiles glissant contre le ciel. À «tigre accroupi», les doigts noueux évoquaient des pattes de tigres prêts à attaquer. Le plaisir de ce souvenir me revenait sans cesse, et son intensité croissait au point que je ne pouvais plus ignorer ce signe.

Quand j'en ai parlé à l'infirmière du collège Humber, elle m'a conseillé d'embaucher un entraîneur personnel et m'a donné quelques noms. Aucun des trois que j'ai rencontrés ne semblait avoir très envie de se charger de moi, surtout après avoir testé ma condition physique et appris les problèmes de santé que j'avais connus récemment. L'un d'eux a même secoué sa montre pour voir si mon cœur battait vraiment si vite après que j'eus fait presque une dizaine de tractions. Le plus idéaliste de ces entraîneurs a tenu le coup quatre séances avec moi. Karl et Marie ont refusé de me laisser retomber dans mon attitude béate de déni.

« Je vais bien, ai-je dit en repoussant la salade que Marie m'avait servie. Regardez-moi. Je travaille autant que d'habitude et je me sens…

— Tu as une mine épouvantable », m'a interrompu Karl.

Je suis monté à ma chambre, à peine capable de me rendre jusqu'au miroir. Je me suis regardé sans complaisance. Après cet effort, j'avais le teint grisâtre. Ma respiration sifflante était menaçante. Ce jour-là — nous étions en décembre —, je suis allé au bureau du recteur et j'ai signé les documents qui mettaient fin à une carrière commencée quarante ans auparavant.

Mon amie Kathleen m'a suggéré de travailler avec son mari, un marathonien qui avait reçu récemment sa certification d'entraîneur personnel.

Mohammad Hessian n'avait pas l'air d'un coureur sérieux, c'est-à-dire qu'il n'était pas l'homme grand et maigre que j'avais imaginé. Il avait le visage d'un prince persan, un corps compact et ferme, un peu plus court que le mien, qui était boursouflé et convexe. Avec son sourire chaleureux, son assurance virile, j'ai compris pourquoi Kathleen était si amoureuse de lui. Je me suis permis de l'appeler Rami, le surnom affectueux que Kathleen lui donnait. Si cela le dérangeait, il ne l'a jamais laissé voir. Ses yeux pétillaient d'intelligence.

« Ne te fais pas de souci, m'a-t-il dit. Je te donnerai un coup de fil en janvier. »

Il s'est incliné légèrement, avec élégance, en me priant de goûter aux plats iraniens qu'il avait préparés pour une réception.

Kathleen a vu mon air étonné et a éclaté de rire.

« Oui, Wayson, a-t-elle dit en reprenant son souffle pour moi. Il fait aussi la cuisine. »

« J'ai eu un infarctus », ai-je annoncé d'emblée à Rami le jour où nous nous sommes rencontrés pour la première évaluation. « Je ne peux pas faire grand-chose. Je crois que mes autres entraîneurs ont fini par s'ennuyer. Ou alors, c'est qu'ils ont eu peur de perdre leur permis si je claquais entre leurs mains. » Rami a haussé les sourcils en entendant cela, comme s'il sentait le défi que je lui lançais. « Après m'avoir testé, un entraîneur m'a crié que j'avais la note parfaite. *Zéro sur dix.*

— Ma foi, a répondu Rami. Personne n'obtient la note parfaite. »

Nous nous sommes mis à rire. Il s'est tu un long moment pour souligner que je devais prendre au sérieux ce qu'il voulait ajouter. « Je n'ai jamais peur de m'ennuyer. »

Il m'a raconté ce qu'il avait vécu, enfant, pendant la guerre entre l'Iran et l'Irak. Pour lui, l'ennui était une chose positive.

Depuis les premiers exercices d'étirement qu'il m'a fait faire dans ma chambre — il m'a, de bon cœur, fait une démonstration sur son tapis — jusqu'aux levers de poids plus tard, Rami avait le don sentir mes limites et il avait des méthodes fascinantes pour me faire oublier l'effort.

«Oh! Ils savent si bien parler de l'amour», m'a-t-il dit des poètes iraniens en tenant mon poignet plus haut dans les airs, puis il a repoussé mon épaule. «Ils me font penser à l'Iran, avant que la musique y soit interdite.»

Pour nos marches de quarante-cinq minutes, les jours moins éprouvants, Rami m'amenait à Taylor Creek; là, il me prenait par le bras si je trébuchais sur une branche ou si je glissais sur une plaque de glace cachée sous les feuilles mortes. Avec la fin de l'hiver, nous avons commencé à jogger un peu sur les planches grinçantes de la promenade le long de la plage, sous les chênes et les saules aux branches couvertes de bourgeons, et dans les rues bordées d'érables. Il scrutait l'espace devant nous pour nous éviter les planches disjointes et nous faire contourner les parties de trottoir brisées.

«L'air est bon, n'est-ce pas?» disait-il, et j'approuvais en osant inspirer profondément.

Pendant ces marches et ces séances de jogging, les histoires que Rami me racontait sur son adolescence en Iran m'empêchaient de m'ennuyer. Je lui racontais aussi les miennes; elles l'intéressaient peut-être parce qu'elles étaient exemptes de cette sauvagerie, de ces détails encore indicibles qui le réveillaient en sueur. Ma chance le faisait sourire, il comprenait la détresse des immigrants de Chinatown dont la famille était restée en Chine lorsque le Japon avait envahi le pays. En apprenant les terribles nouvelles de la mort de leurs fils et de leurs filles, les immigrants gémissaient dans les salles chinoises qui portaient leurs noms, où leurs pertes étaient inscrites en calligraphie noire sur des rubans blancs. Je n'avais que six ans à la fin de la guerre; j'ai presque tout oublié, mais je me souviens encore des cris et des pleurs, et de la façon dont ma mère mettait ses mains sur mes oreilles.

«Il y a des sons qu'on n'oublie jamais», a dit Rami et il a serré les poings.

Dans l'Iran déchiré par la guerre, Rami avait connu son propre type de chance. À seize ans, il s'était fait enlever le tiers de ses poumons à cause de kystes potentiellement cancéreux. À dix-sept ans — le cœur plein de ferveur patriotique pour combattre les ennemis de l'Iran —, il s'était porté volontaire pour faire ses deux ans de service militaire obligatoire. En voyant la profonde cicatrice qui courait le long de sa cage thoracique, l'armée l'avait rejeté. Seuls les hommes et les garçons ayant des poumons sains étaient autorisés à affronter le tir des canons.

Il ne pouvait ni servir son pays ni rester chez lui à éviter les balles et les bombes pendant que ses amis se faisaient tuer. Il avait traversé la Turquie et la Grèce à pied, s'était rendu en Allemagne où il avait trouvé un emploi dans une usine. Il avait finalement vécu une autre aventure sur un cargo en route vers le Japon où il avait de nouveau travaillé en usine. Là-bas, avec un vocabulaire de survivant — il parlait six langues —, il avait posé sa candidature pour venir au Canada.

Pendant qu'il me parlait du passé en termes simples et précis, il me rappelait ces pionniers intransigeants de Chinatown qui avaient contribué à mon éducation.

«J'ai surmonté tellement de difficultés, m'a-t-il dit, comme si de rien n'était. J'ai tellement de chance d'être ici maintenant.

— Moi aussi», ai-je répondu, et nous avons tous deux éclaté de rire.

Une semaine avant mon départ pour Vancouver, nous sommes allés sur la plage de sable qui longeait la promenade ; là, nous avons observé quelqu'un qui faisait du parapente, son corps suspendu dans les airs pendant que rugissait le bateau à moteur qui le tirait, propulsant l'immense voile qui dérivait comme un parachute incontrôlable. Nous nous sommes assis sur un rocher sur la grève et nous avons regardé l'homme se laisser tomber et nager avec assurance vers le rivage. Ses amis ont couru l'accueillir. Quelque chose — peut-être le rugissement lointain et le gémissement soudain du moteur alors que le bateau perdait de la vitesse, puis le brusque silence — a rappelé à Rami une roquette ou une bombe qui descendait en spirale du ciel.

« Je sais que j'ai eu de la chance, Wayson, c'est sûr, mais j'ai beaucoup d'amis qui ne sont pas passés au travers. Ils sont revenus brisés, tu sais, amputés d'un bras ou d'une jambe. Aveugles et sourds. Fous. Dans mes cauchemars, c'est moi qui suis devenu fou. Je me sens coupable. Personne ne gagne.

— Mais tu sais bien que tu es en train de me sauver la vie, Rami.

— Non, non, a-t-il protesté en secouant vigoureusement la tête. C'est toi qui sauves ta propre vie. Je ne crois pas que tu veuilles mourir.

— Non », ai-je dit avec l'intention d'ajouter *pas du tout*.

Les battements de mon cœur se sont alors accélérés et j'étais de retour à l'unité des soins intensifs, les poumons comprimés, les muscles de ma gorge raidis, en train de m'étouffer. J'ai mis ma main dans ma poche, saisi ma pompe et inhalé deux bouffées. Rami me regardait, immobile, s'efforçant de ne pas ajouter à ma détresse : il avait reconnu la panique qui, pendant quelques secondes, m'avait empêché de parler. Cela s'était déjà produit deux fois. Il reconnaissait ce qui m'arrivait, il savait que je vivais un flash-back. Tosh m'avait mis en garde à ce sujet, ces rappels durs, surgissant par saccades, implacablement réels, qui me laissaient frustré et furieux. Je pouvais encore voir la Reine de l'eau qui souriait, l'air méprisant, devant ma soif, le chien qui bavait en me léchant le poignet.

« Non, je ne serai plus jamais malade comme ça, ai-je dit.

— Tu me le promets, Wayson ? »

J'ai voulu lui serrer la main, mais Rami m'a pris dans ses bras, et son étreinte, qui devait être celle d'un lutteur iranien, m'a presque renversé. Nous nous sommes tournés à demi, puis tournés de nouveau, et son bras m'a finalement entouré pour m'empêcher de tomber.

« C'était formidable, ai-je dit pendant qu'il me remettait sur mes pieds. Je peux maintenant mourir heureux. »

Chapitre 14

«Reste le temps qu'il faut, m'a dit Alice. Tu nous as manqué! Vancouver s'ennuyait de toi!»

Installé dans l'appartement confortable au sous-sol chez Jake et Alice, je me sentais chez moi. Je les avais connus au début de mes études universitaires en 1959, quand je suivais le cours de Jake sur l'écriture de nouvelles. Pendant les premiers cours, je trouvais Jake trop doux pour être pris au sérieux. Il traitait sa matière comme un boxeur qui fait un pas de côté, s'exposant aux étudiants qui auraient pu avoir envie de le mettre au défi. Il abordait ses opposants avec une prudence mesurée, avant de déterminer exactement la seconde précise à laquelle frapper. Au quatrième cours, peu d'étudiants prenaient encore les manières calmes et circonspectes de Jake pour des signes de faiblesse. C'est l'homme qui m'a montré à écrire.

La femme de Jake, Alice, lui convenait magnifiquement. Dès notre première rencontre à une réception au département d'anglais, elle m'a semblé majestueuse.

Cette visite à Vancouver, quatre mois après que j'eus pris ma retraite de Humber, marquait quatre décennies de généreuse hospitalité de la part de Jake et d'Alice. Au cours des dix dernières années, j'en étais venu à considérer comme mien le studio meublé, au plancher couvert de moquette, au sous-sol de leur maison. Dans cette grande pièce comprenant un lit à deux places et un immense bureau, je pouvais tout de suite me mettre au travail avec mes papiers et mes livres.

J'étais allé dans l'Ouest pour écrire et organiser quelques entrevues. Le roman inachevé, que je remettais depuis deux ans, devenait impossible à gérer. Je comptais sur Jake et Alice pour réviser le manuscrit. Alice dénichait souvent d'imperceptibles défauts qui auraient échappé aux autres.

« J'ai mimé ta description de la page 200, m'a-t-elle dit. À mon avis, Jenny ne peut se pencher comme ça, à moins d'être une contorsionniste. »

J'ai annoncé à Alice que j'allais manger une bouchée et repenser à toute cette scène. Je devais détortiller Jenny.

Ce dimanche-là, quand je suis entré au restaurant Mekong à l'heure de pointe, j'ai pris la vigilante hôtesse au dépourvu. Pendant quelques secondes, cette Vietnamienne menue est restée impassible.

À mon séjour à Vancouver l'année précédente, j'avais raté Victoria. J'ai jeté un regard circulaire. Les murs décorés par un ancien propriétaire grec, avec de longues vignes, des paysages insulaires aux teintes délavées et des cieux d'un bleu invraisemblable, n'avaient pas changé. J'ai inspiré profondément. J'avais encore les oreilles un peu bouchées, ma coordination musculaire laissait à désirer et j'avais le visage beaucoup plus décharné que la dernière fois que Victoria m'avait vu, deux ans plus tôt ; j'avais aussi moins de cheveux. J'avais visiblement vieilli.

Victoria ne m'a pas immédiatement adressé son sourire de bienvenue. Au lieu de cela, elle a regardé à ma droite et à ma gauche. Les clients se frayaient un chemin vers les dernières tables libres. Elle s'est avancée, a poussé un soupir, puis elle a souri.

« Vous êtes toujours aussi charmante », ai-je dit.

C'était vrai. Elle a continué de me dévisager.

« Suis-je bien, à vos yeux ? ai-je demandé en riant.

— Oh ! oui, oui, monsieur Wayson », s'est-elle empressée, trop brusquement, de répondre.

La chaleur est enfin revenue dans ses yeux.

« Nous sommes si occupés maintenant. »

Elle a ramassé quelques tasses et une théière sur la table à côté d'elle, puis elle a fait un geste vers la rangée de portes-fenêtres éclairées par le soleil où quelques clients attendaient. « Je vais là maintenant, monsieur Wayson. Cousine Tam s'occupe de vous. »

Après m'avoir conduit vers la dernière table libre de la longue salle, cousine Tam m'a tendu un menu. Sans me laisser le temps de consulter la liste des mets thaïs et vietnamiens, Tam m'a demandé si j'accepterais de partager ma table avec un jeune couple. Cela ne me dérangeait pas du tout.

Je me sentais bien d'être de nouveau dans cet endroit à Vancouver, même si j'étais assis à une table plantée au milieu de la salle plutôt qu'à la dernière table au fond, celle que j'avais l'habitude d'occuper près de l'entrée de la cuisine. Au cours des quatre années passées à interviewer des gens pour écrire mon roman, entrevues menées pendant mes vacances de printemps et d'été, cette table à l'arrière du restaurant m'avait servi de bureau ; j'y invitais des aînés et des amis à des repas tardifs en échange de leurs souvenirs de Chinatown et, si j'avais de la chance, d'un précieux secret.

Je me suis versé un thé léger au jasmin. J'ai surpris le regard préoccupé que Victoria posait sur moi de l'autre côté de la salle à manger.

Au milieu de mon repas, un plat de nouilles, de légumes sautés et de poulet à la citronnelle, Victoria s'est approchée de ma table et m'a touché la main. Elle a parlé du beau temps ensoleillé que j'avais sans doute apporté de Toronto. Elle a incliné le couvercle de la théière pour indiquer qu'il fallait m'apporter d'autre thé. Le cuisinier a crié quelque chose depuis la cuisine et elle s'est excusée. Des clients faisaient la queue à l'entrée, mais la cousine Tam m'a quand même apporté une nouvelle théière et une tasse propre.

« Victoria dit que vous aimez mieux cette sorte, m'a-t-elle dit en me versant une tasse de thé. Bon pour votre sang. »

Le couple qui partageait ma table s'est arrêté de manger. J'ai fait semblant de ne pas m'en apercevoir. J'ai siroté mon thé bon-pour-le-sang en en savourant l'arôme amer. Contrairement au jasmin léger, ce thé ne goûtait pas les fleurs parfumées ; sa saveur rappelait plutôt l'écorce et les herbes fortes, et j'ai pensé au thé noir que mes parents se concoctaient mutuellement pour se donner de la force pendant les longs après-midi de leurs dernières années.

J'ai terminé mon repas, avalé une autre gorgée de thé noir et réglé mon addition. J'ai salué Victoria en agitant la main à travers le passe-plat. Elle s'est précipitée vers le comptoir en s'essuyant les mains avec des serviettes de papier.

« Revenez bientôt, m'a-t-elle dit. La prochaine fois, je vous salue comme il faut et je parle avec vous. »

J'ai hoché joyeusement la tête.

Elle a tendu sa main et je l'ai serrée. Elle a retenu la mienne une seconde de plus. « Très important de parler, m'a-t-elle dit.

— Quelque chose ne va pas ?

— Oh ! non, non. Juste parler. Comme nous faisons chaque fois que vous venez.

— Je suis ici pour quelques semaines, me suis-je hâté d'expliquer. Je reviendrai demain pour un lunch tardif avec mon ami Larry.

— Oui, oui. Amenez Larry. Surtout, revenez. »

À mon entrée au Mekong le lendemain, Larry, du Musée de Chinatown de Vancouver, m'attendait à l'une des tables sur le côté. Il était 14 h 30 et l'endroit était désert. Je voyais Victoria en train d'aider à laver la vaisselle du dîner dans la cuisine. Elle a regardé par le passe-plat et m'a fait un signe de la main.

« Tu es arrivé à l'avance, ai-je dit à Larry.

— C'est toi qui es en retard, m'a-t-il répondu avec un petit rire nerveux. Victoria m'a assuré que tu étais arrivé avant moi.

— Pas vraiment. Je suis passé devant le restaurant il y a une vingtaine de minutes et, comme je ne t'ai pas vu, je suis allé acheter du café. Elle a dû me voir passer.

— Pas vraiment », a répété Larry.

Il a jeté un regard anxieux autour de lui.

« Tu vois les carillons éoliens au fond du restaurant ? »

Il y en avait un, affaissé, suspendu au mur près de la porte de la cuisine.

« Et alors ? »

Larry m'a regardé d'un air entendu. « Tu ferais mieux de demander à Victoria », m'a-t-il répondu en baissant la voix.

Je n'ai pas vraiment apprécié sa réticence. J'avais une douzaine de questions à lui poser au sujet de quelques aînés, des vétérans de la Deuxième Guerre mondiale ; j'avais besoin de ces détails pour écrire une scène. J'ai sorti un cahier de ma mallette, prêt à me mettre au travail. Soudain, Victoria est apparue. Debout à côté de la table, elle a déposé les menus, des serviettes, une théière et des tasses.

« Monsieur Wayson, a-t-elle commencé, la dernière fois que vous êtes venu à mon restaurant, deux autres personnes vous accompagnaient.

— Non, ai-je protesté. J'étais tout seul. Ce jeune couple s'est joint à moi parce qu'il n'y avait pas de table libre.

— Oui, je sais. »

Elle a versé du thé dans nos tasses. Un parfum de jasmin s'est répandu dans l'air. «Mais quand même, deux autres personnes avec vous. »

J'ai secoué la tête. Elle a répété ce qu'elle venait de dire. Cette fois, elle regardait Larry qui a répondu à son regard complice par un hochement de tête conspirateur.

«Juste moi, ai-je insisté. Je suis venu tout seul.

— Non, non, deux autres personnes avec vous. »

Victoria s'est raidie. J'ai suivi son regard et, ensemble, nous avons regardé fixement Larry. Il n'avait que trois mois de plus que moi, mais, comme il avait grandi au cœur même des rues Pender et Main, j'imaginais qu'il était plus sensible aux manières du vieux Chinatown. Victoria était née au Vietnam, fille d'immigrants venus d'un village de l'ancienne Chine.

«Vous voulez dire que deux fantômes sont entrés avec moi? ai-je lâché, exaspéré par leur air mystérieux.

— Oui», m'ont-ils répondu.

Posant une main sur la table, Victoria s'est penchée vers mon oreille. « *Ils sont encore ici*», m'a-t-elle annoncé dans un chuchotement théâtral.

Je ne voyais rien. Rien d'autre que l'air vide. Qu'était-il arrivé à mon amie? Victoria et moi entretenions des rapports cordiaux, honnêtes. Nous échangions des salutations habituelles, des propos sur la vie dans un restaurant de Vancouver, je lui demandais des nouvelles de ses enfants, elle me demandait comment j'écrivais mes livres. Jamais auparavant elle ne m'avait regardé comme elle le faisait maintenant, haussant les sourcils, tétanisée par l'air vide qui m'entourait. Elle a levé sa main de la table et l'a pointée délicatement derrière moi.

«Juste là, a-t-elle dit. À côté de votre chaise.»

Il n'y avait personne derrière ma chaise. Le regard de Larry est pourtant resté intensément concentré, et Victoria a continué de parler.

«Les deux personnes doivent s'en aller, a-t-elle dit. Elles ne peuvent rester avec vous, monsieur Wayson Choy.»

Surpris de l'entendre dire mon nom au complet sur un ton aussi affirmatif, je me suis posé des questions sur notre relation. Ne l'avais-je pas incitée longtemps auparavant à m'appeler Wayson? Elle m'avait répondu que c'était impossible parce que j'étais «un vrai gentleman, un professeur et un écrivain». Nous nous étions donc entendus sur «monsieur Wayson».

«Eh bien, Victoria, ils ne me dérangent pas. Je ne me sens pas menacé.»

Je ne voulais pas encourager ce drame, mais je n'ai pu résister: «Je suis sûr que ce sont des esprits favorables.

— Oh! oui, s'est-elle écriée avec un grand sourire. Ils vous aiment beaucoup tous les deux. Ils ne veulent pas vous quitter. La vieille femme se sent très coupable. Elle ne veut plus jamais vous quitter.

— Eh bien, ai-je dit, cherchant quelque chose à répondre. C'est bien.»

Larry a froncé les sourcils. Je ne pouvais le blâmer. Mon ton condescendant m'avait irrité, moi aussi. «Tout cela ne me cause aucun problème, Victoria. Si les deux esprits ne me veulent aucun mal, Larry et moi pouvons peut-être consulter le menu?»

Victoria a posé sa main sur les menus. «Monsieur Wayson, puis-je vous demander la permission d'en parler à mon amie? Mon amie Artemis, a-t-elle précisé comme si elle avait prévu ma question. Elle connaît tant de choses, une personne très sensible. Puis-je l'interroger sur ces événements?»

Je me suis dit qu'il valait mieux accepter et en finir. «Oui, bien sûr. Je vous permets d'en parler à Artemis si vous croyez que cela peut être utile. Bien, Larry, que dirais-tu de nouilles et de poulet à la citronnelle?»

Mais Larry était accroché. Il a demandé à Victoria si elle voyait mes deux compagnons assez clairement pour les décrire. Elle a fait signe que oui, ce qui m'a ennuyé.

«Il y a une vieille femme, celle qui se sent très coupable d'avoir abandonné monsieur Wayson la dernière fois. L'autre est un jeune garçon, peut-être un très jeune homme, qui ne lui dit jamais au revoir. Il l'aime, lui aussi.» Elle s'est retournée vers moi, les larmes aux yeux. «Ils ne veulent pas vous quitter. Ils ne veulent pas vous faire de mal, monsieur Wayson.»

J'ai mordu. «Pourquoi doivent-ils me quitter si, comme vous dites, ils ne veulent pas me faire de mal?»

Victoria a secoué la tête en constatant comme je comprenais mal. «Oh! monsieur Wayson, ils doivent vous quitter sinon vous aurez des ennuis. Je demanderai à mon amie Artemis.

— Bien sûr, et je prendrai le poulet à la citronnelle. Et toi, Larry?»

Je lui ai donné un coup de pied sous la table. Il a passé sa commande.

Victoria s'est éloignée en direction de la cuisine.

«Larry, de quoi parliez-vous avant que j'arrive?

— Sonny, m'a-t-il répondu en me donnant ce nom qui remontait au temps où nous fréquentions la maternelle ensemble, elle m'a parlé de ce carillon éolien au fond de la salle. Elle dit qu'ils l'avaient enlevé de la vitrine à l'avant parce qu'il faisait trop de bruit. Depuis, elle a remarqué que chaque fois qu'une certaine personne va venir au restaurant, il bouge.

— Une certaine personne? Qui?

— Seulement toi. Hier matin, elle a dit à l'aide-cuisinier que monsieur Wayson viendrait. Et tu es venu. Cela s'était déjà passé.»

J'ai soupiré. Une simple coïncidence. «Et ces deux soi-disant fantômes?

— Sonny, les aînés nous mettaient en garde contre les fantômes affamés. Ces esprits qui cherchent toujours une façon de revenir à la vie. Ils sont dangereux parce qu'ils utilisent ton énergie vitale pour rester avec toi. Mon père et ton troisième oncle en parlaient, eux aussi.

— Tu ne crois pas vraiment à ces histoires, n'est-ce pas?

— Qui sait? a répondu Larry en haussant les épaules. Mon père disait que les gens veulent parfois que leurs êtres chers reviennent, même les fantômes affamés.»

De toute évidence, Larry était plus Chinatown que Sonny Choy ne le serait jamais. Nos assiettes sont arrivées.

«Mange», ai-je dit.

C'était habituellement ma réaction dans les situations bizarres. Larry a pris ses baguettes. J'ai entamé mon bol de won tons. Nous n'avons plus parlé des fantômes, affamés ou non.

Nos agapes ont duré presque deux heures. À la fin, tout était redevenu normal. Avant de nous séparer, Larry et moi avons convenu de nous revoir quelques jours plus tard.

Quand je suis rentré à la maison et que j'ai vu Jake et Alice en train de remplir la grille de mots croisés du *Sun*, j'ai préféré ne pas leur parler de mon après-midi au Mekong. Que dire? Dans la communauté où j'avais grandi, j'entendais constamment parler de fantômes; j'avais même vu quelques aînés leur parler. Mais je n'en avais jamais vu aucun. Et je n'avais rien vu au Mekong. Les fantômes étaient partout, mais je n'y croyais pas.

Le vendredi, j'ai retrouvé Larry au Mekong. Victoria est venue prendre notre commande de façon très profession-nelle. Elle nous a servi notre repas, a versé le thé, puis elle est retournée à la cuisine.

J'ai mangé, j'ai bu des tasses de thé et noté ce que Larry me racontait sur ce qu'il avait découvert dans les archives : des Chinois canadiens avaient combattu comme soldats espions pour les Alliés. Ces jeunes hommes épris d'aven-ture s'étaient portés volontaires pour la dure formation en techniques de guérilla. Ils avaient étudié le japonais dans un camp secret à Penticton, en Colombie-Britannique ; ensuite, on les avait envoyés en Australie et en Inde suivre un entraî-nement sur le terrain avant de les déployer dans les jungles de la Malaisie, de la Birmanie, de Sumatra et de Bornéo. Grâce à leur immersion en langue et mode de vie japonais, grâce à leurs traits asiatiques, ces fils de Chinatown avaient pu pénétrer les lignes ennemies mieux que ne l'auraient fait des Caucasiens.

« Le gouvernement a finalement confié aux Chinois une tâche importante », ai-je dit.

Larry a éclaté de rire. « Le sale boulot, évidemment. »

Une fois la table débarrassée, j'ai étalé les photocopies des documents militaires et des coupures de presse que mon ami avait apportées. Après avoir parcouru la moitié de cette documentation, nous nous sommes arrêtés comme si nous avions fini de travailler. Victoria s'est approchée de nous.

« J'ai parlé à Artemis », a-t-elle dit.

Avant que j'aie pu l'arrêter, Larry a demandé : « Et que pense-t-elle des fantômes ?

— Ils doivent laisser monsieur Wayson tranquille, a-t-elle répondu en me regardant. Artemis a dit que vous

176

iriez quelque part, loin d'ici, cet automne, peut-être de l'autre côté de l'océan. »

J'ai refusé de répondre par un oui ou par un non. Elle a ensuite largué sa bombe. « C'est sûr que vous irez au loin. Il faut dire aux fantômes de vous quitter, monsieur Wayson. Dites-leur de s'en retourner. Artemis dit que si les fantômes ne s'en vont pas, vous allez revenir dans un… un… ff… fauteuil roulant. » En entendant sa voix monter soudain, je me suis demandé ce qu'elle avait vraiment voulu dire.

« Un fauteuil roulant, vous êtes sûre ?

— Oui, oui, a répondu Victoria en retrouvant sa contenance. Un ff… fauteuil roulant. Prévoyez-vous traverser l'océan, monsieur Wayson ? »

Je ne voyais pas qui, à Vancouver, aurait pu être au courant : j'avais été invité à donner un cours de création littéraire à l'Université de Sienne à l'automne. On m'avait demandé de ne pas en souffler mot et les détails du voyage étaient loin d'être confirmés.

« Vous allez traverser l'océan, monsieur Wayson ?

— Je ne crois pas. Mais si jamais je vais outre-mer…

— Vous reviendrez en fauteuil roulant, a répété Victoria, avec trop de désinvolture, ai-je pensé. C'est de ça qu'Artemis veut vous avertir. Si les fantômes ne vous quittent pas, vous reviendrez en fauteuil roulant. »

Je me suis mordu la lèvre et j'ai en vain tenté de résister. « Qu'est-ce qu'Artemis a dit d'autre ?

— Je lui ai demandé si on devrait aller à notre temple pour un rituel. Demander peut-être au moine bouddhiste de nous aider à dire aux fantômes de partir.

— Un exorcisme ?

— Oui, le prêtre et les gens du temple récitent des prières spéciales. Ils vous aident à leur dire de s'en aller. Connaissez-vous l'esprit de la vieille femme ? Elle a tellement de peine de vous quitter. Se sent très coupable. Elle ne veut plus vous laisser. »

Larry m'a regardé fixement. Huit ans auparavant, à cinquante-six ans, j'avais découvert que j'avais été adopté. Se pouvait-il que le fantôme qui m'accompagnait maintenant soit celui de ma mère biologique? Victoria m'a ensuite décrit le jeune homme — son front haut, ses yeux tristes écartés l'un de l'autre. Je n'ai pu m'empêcher de penser tout de suite à Philip.

« Des yeux très tristes. Il s'ennuie de vous, et il est très beau, a-t-elle conclu. Vous devez le laisser partir. »

Philip avait dix-neuf ans, j'en avais dix-sept, et nous vivions une relation émotionnelle intense. Quand, pour la deuxième fois, je suis parti avec ma mère à Belleville, en Ontario, pour travailler dans le nouveau restaurant de *fish and chip* que mon père avait acheté, Philip m'a envoyé des lettres auxquelles j'avais l'intention de répondre. Mais je ne parvenais pas à trouver les mots pour exprimer ce que je ressentais à son égard, les sentiments qui me terrifiaient. Puis, un après-midi, Bill, notre ami commun, m'a téléphoné de Vancouver pour m'apprendre que Philip avait succombé à une leucémie. Il était mort sans avoir de mes nouvelles. Nous n'avions pas eu l'occasion de nous dire adieu.

« Très beau jeune homme, a répété Victoria. A des sentiments très forts pour vous. »

Deux fantômes de mon passé? Des fantômes de possibilités? Non, ai-je conclu. Des coïncidences! Rien de plus.

Artemis avait sans aucun doute piégé la pauvre et superstitieuse Victoria: son plan était de me soutirer de l'argent. J'étais sûrement riche puisque j'étais l'auteur de best-sellers, mais la plaisanterie allait se retourner contre elles.

« Puis-je parler personnellement à Artemis?

— Oui, je vous écris son numéro de téléphone », m'a sans hésiter répondu Victoria.

Je me disais que j'allais l'appeler, prendre un rendez-vous, et que seulement là elle m'informerait de son tarif horaire. Cinquante dollars? Soixante-quinze? Cent dollars?

J'ai réglé l'addition et pris le bout de papier que Victoria me tendait.

« Tu vas vraiment l'appeler? m'a demandé Larry.

— Tu peux en être sûr. »

⚞

« Puis-je parler à Artemis, s'il vous plaît?

— Oui, m'a répondu une voix neutre. C'est moi.

— Je suis Wayson Choy, l'ami de Victoria…

— Oh! oui, son ami écrivain, a-t-elle dit d'une voix toujours calme. J'espère avoir été utile.

— Eh bien, oui. Je vous appelle pour prendre rendez-vous avec vous. Je vous paierai évidemment le plein tarif. »

J'avais mis l'accent sur *plein tarif.* Quelqu'un devait sortir cette pauvre Victoria du piège dans lequel elle était tombée.

« Je ne suis ici que pour une semaine et si vous pouviez me voir…

— Non, c'est impossible », a-t-elle répondu, si vite que j'ai été pris au dépourvu. « Je suis très occupée ces jours-ci. Comprenez-moi. Je travaille avec des patients cancéreux et je suis trop épuisée pour prendre de nouveaux clients. Si vous voulez me demander quelque chose, parlez-en à Victoria. »

« Elle ne veut pas me voir », ai-je annoncé à Jake et Alice, que j'avais mis au courant de mon plan pour déjouer la fraude. « Elle travaille avec des cancéreux. Trop fatiguée. Non seulement cette Artemis refuse-t-elle de me rencontrer, mais elle ne m'a pas demandé un sou. »

Jake a essayé de me redonner confiance en mes instincts de détective en herbe. Il s'est penché sur la table de la cuisine, a réfléchi un instant, et je l'ai vu jeune de nouveau.

« Je parie que pour ce rituel bouddhiste, on te demandera une donation, Wayson, m'a-t-il dit d'une voix réconfortante. J'en suis convaincu. »

Quelques jours plus tard, un matin, j'ai rejoint Victoria à l'arrière du restaurant et elle m'a conduit au temple bouddhiste dans First Avenue. Comme je repartais à Toronto dans moins d'une semaine, il nous fallait conclure les arrangements pour l'exorcisme, ce rituel particulier qui devait inciter les fantômes à me laisser en paix et à retourner dans l'autre monde. Je devais d'abord me rendre au temple et répondre à quelques questions. Victoria m'accompagnait pour traduire.

C'était un matin clair et frais de printemps. Cette situation me laissait perplexe. Un exorcisme ? À quoi cela pouvait-il bien ressembler ? Je ne pensais qu'à ceux que j'avais vus dans des films d'horreur comme *L'exorciste*. Je ne pouvais cesser de douter quand je pensais aux deux fantômes que Victoria avait vus, ni me libérer de la curiosité qui me faisait vouloir vivre l'expérience, *juste au cas où*.

Je me suis dirigé vers la haute grille en fer forgé. Entre les barreaux, suspendu à une porte de bois à quelques pieds, un écriteau encadré en anglais et en vietnamien portait, en lettres à peine lisibles, les mots : *Désolés, sommes fermés*. Sous ces mots, les heures d'ouverture : *Ouvert aujourd'hui de midi à…*

J'ai arrêté Victoria et lui ai montré l'écriteau. Elle a cligné les yeux pour déchiffrer les mots plus petits écrits en vietnamien.

«Non, non, c'est impossible, a-t-elle protesté. Je dois ouvrir le restaurant à onze heures.

— La grille est verrouillée.»

Victoria a secoué les barreaux comme une prisonnière éperdue et saisi la poignée. Avec un clic sonore, la grande grille s'est ouverte.

Victoria a franchi le seuil et fait les quelques pas conduisant à la porte de bois. Elle a tourné la poignée et elle est entrée sans hésiter. Après avoir refermé la grille derrière moi, je l'ai suivie dans le vestibule. Poutres en bois poli et planchers cirés.

«Je sais que nous devons venir aujourd'hui, a insisté Victoria. Je le sais.»

La lumière matinale entrait à flots dans le spacieux vestibule. D'un côté, il y avait un panneau d'affichage vitré avec des annonces écrites en vietnamien auxquelles se mêlaient des expressions en anglais; il y avait des affiches, des portraits d'enfants dont certains portaient des tenues de baseball. De l'autre côté, une entrée ouvrait sur un corridor menant à un escalier; au bout du couloir, il y avait une arcade au delà de laquelle j'ai distingué trois gros Bouddhas. J'ai reconnu celui du milieu, le plus gros, en position de lotus, dans une attitude de méditation éternelle. À ses pieds, on avait déposé des plantes vertes en pots. Le soleil filtrait à travers les enfilades de vitraux, et la lumière dessinait un motif grillagé. D'innombrables rangées de tables et de chaises gravées étaient disposées pour des cérémonies. Le bois de santal et le poli à meuble, dont les effluves emplissaient l'air, m'irritaient la gorge. J'ai tâtonné à la recherche de ma pompe, mais j'avais oublié de l'apporter.

«Il n'y a personne», ai-je dit. Malgré la foi sincère de Victoria dans ces choses, mes doutes ont commencé à me faire sentir un peu mal à l'aise, un peu comme un imposteur. «Nous devrions partir.

— Non, non, monsieur Wayson. J'appelle quelqu'un.»

Penchée dans la petite entrée, Victoria a aussitôt crié quelque chose en vietnamien. Ses mots se sont répercutés. Quelqu'un s'est manifesté. Une femme âgée, les cheveux noués en chignon, qui cramponnait son kimono en essayant de faire un dernier nœud, est arrivée en catastrophe. Des mots qui semblaient peu amènes ont été échangés. Victoria semblait n'aboutir à rien.

« Elle demande comment c'est possible qu'on soit ici, m'a-t-elle traduit. Elle dit que c'est impossible qu'on soit entrés. La grille est verrouillée. Je lui ai expliqué qu'il faut que vous soyez ici, monsieur Wayson. »

Voyant que nous refusions de partir, la vieille dame nous a poussés, elle a ouvert la porte de bois, pris un trousseau de clés dans sa poche, puis elle est sortie pour examiner la grille en fer forgé.

« Dites-lui que je suis venu pour un exorcisme, ai-je demandé à Victoria. Dites-lui quelque chose. Dites-lui que c'est urgent. Sinon, elle va probablement appeler la police. »

La vieille dame est revenue à l'intérieur en agitant ses clés. Victoria a parlé plus fort. En l'entendant, la vieille dame a tourné sa mince tête vers moi ; ses yeux étroits m'ont examiné de la tête aux pieds. Elles étaient toutes deux silencieuses. Pour finir, la vieille dame a dit quelques mots avant de disparaître dans le couloir. Ses pieds chaussés de sandales ont chuchoté dans l'escalier.

« Qu'est-ce qui se passe ?

— Le maître n'est pas là. Elle va réveiller son étudiant qui va vous poser des questions.

— Vous lui avez parlé de…

— Oui, elle a compris tout de suite.

— Je veux dire… et la grille ? A-t-elle compris qu'elle était déverrouillée ?

— Elle dit que c'était impossible d'ouvrir la grille. »

La vieille dame avait affirmé l'avoir elle-même fermée à clé la veille après les cérémonies du soir. Mais elle s'était calmée quand Victoria avait mentionné le rituel d'exorcisme.

«Elle dit que la grille s'est déverrouillée toute seule pour vous, monsieur Wayson, a ajouté Victoria avec un sourire béat. Juste pour vous.»

Un signe.

Je me suis raidi. Je luttais contre l'envie irrationnelle de la croire. Qu'y avait-il à discuter? La grille n'avait pas pu se déverrouiller toute seule, mais je trouvais préférable de ne pas mentionner l'évidence: la négligence d'une vieille dame distraite avait permis à une poignée grinçante de tourner, à une serrure rouillée de cliqueter, et à deux innocents d'entrer.

«Je vais prier pour vous», m'a dit Victoria. Elle s'est approchée de l'autel principal et a allumé trois bâtons d'encens, soulagée que les esprits qui m'accompagnaient soient ceux de personnes aimantes. Après s'être inclinée trois fois, elle a sereinement prié Bouddha de les guider dans l'au-delà. Ses cheveux noirs luisaient dans le soleil.

J'ai senti mes poumons se comprimer légèrement. Je me suis éloigné de la grande salle et je suis retourné dans le corridor. Ce lieu de prière sentait l'encens. Ma respiration est devenue sifflante. Je me suis appuyé à la porte. J'ai entendu quelqu'un secouer la grille de fer. La poignée a grincé. Comment avais-je pu oublier ma pompe? J'ai retenu mon souffle. Après quelques secondes, le silence est revenu. La personne qui voulait entrer était repartie.

Un bruit assourdi de pas dans le couloir suivi de pas plus pesants m'a prévenu. J'ai levé ma tête de la porte et appelé Victoria.

183

« Ils descendent l'escalier. »

La vieille dame est sortie du couloir et s'est inclinée devant le jeune homme derrière elle. Victoria l'a salué en vietnamien et lui a expliqué la raison de notre présence. La vieille dame s'est retirée en s'excusant.

J'ai regardé attentivement le disciple du maître. Ses yeux clairs, son front haut, sa bouche parfaite et son attitude m'ont pris au dépourvu. J'ai songé à *To an Athlete Dying Young* de Housman[1]. J'ai pensé à Philip. Plein d'assurance, il nous a conduits à la salle des trois déités et nous a fait asseoir en face de lui à l'une des tables. J'ai dû me pincer. Victoria et lui ont continué de discuter en vietnamien. Il a sorti un cahier et s'est mis à écrire. L'écriture m'était en grande partie étrangère, mais j'ai reconnu le mot *Toronto*, qu'il a souligné. Ils avaient tous deux l'air de sortir d'un casting hollywoodien, trop vrais pour être vrais. Il écoutait attentivement Victoria, lui posait quelques questions et m'observait à intervalles réguliers comme pour évaluer si on pouvait me prendre au sérieux. Apparemment, on le pouvait. J'avais l'impression d'être tombé dans un rêve de splendeur tibétaine : leurs visages semblaient irradier.

« Je parle un peu anglais, m'a dit le jeune homme. Votre amie dit que vous voulez vous séparer de deux esprits, une vieille femme et un jeune homme. J'ai besoin de leurs noms.

— Mais ce n'est pas moi qui les ai vus. C'est Victoria. Je peux seulement vous dire qui je crois qu'ils sont.

— J'aurai besoin de leurs noms. »

J'ai hésité. Sans attendre ma réponse, il a écrit des chiffres sur une feuille de papier ; il s'est interrompu devant une série, l'a raturée, a écrit d'autres chiffres et a finalement tendu la feuille à Victoria. La facture ! L'échéancier des versements !

---

1. Poète britannique né à Fockbury en 1859 et mort à Cambridge en 1936.

«Excusez-moi, ai-je commencé en m'efforçant de paraître respectueux. Combien coûtera cet exorcisme? Combien?

— Pas d'argent, m'a-t-il répondu en camouflant à peine un sourire. Mais madame Victoria vous expliquera ce qu'il faudra faire quand vous serez de retour à Toronto. Je dois aller prier. Je reviendrai.»

Je me suis levé et lui ai serré la main. Puis il s'est incliné devant nous et il est sorti. Victoria m'a tiré par la manche.

«Allons en haut demander à la déesse de la Miséricorde de vous aider. Je vous dirai ce que l'étudiant veut que vous fassiez.»

Quand nous sommes redescendus, la vieille dame attendait pour nous ouvrir la porte. Elle m'a tendu un signet laminé sur lequel il y avait une prière et une image de Kwan Yin, la déesse de la Miséricorde. Le signet était orné d'un cordon rouge porte-bonheur et de deux perles. Victoria a pouffé de rire.

«Je lui ai dit que vous écriviez des livres. Utilisez-le pour le rituel de dimanche.»

Ce rituel devait avoir lieu dans la salle du temple; le maître officierait. Il s'agissait d'une cérémonie mensuelle destinée à la communauté vietnamienne. Victoria m'a dit que je n'avais pas besoin d'être présent, mais que le maître prononcerait les noms des deux esprits. Pouvais-je les écrire? Oui, l'écriture anglaise convenait. Le jeune homme est revenu. J'ai écrit en caractères d'imprimerie le nom de Philip au complet et, comme j'ignorais le nom de ma mère biologique, j'ai donné à l'autre esprit celui de Yook Mah Dahn — Pivoine de jade. J'ai demandé à Victoria d'expliquer la situation en vietnamien au jeune homme pour qu'il puisse l'expliquer à son tour au maître. Elle a obtempéré. Il a hoché la tête avec sympathie et m'a dit: «Ça va aller.

— Soyez sans inquiétude, monsieur Wayson», a ajouté Victoria en faisant glisser le bout de papier sur la table.

Une fois de retour à Toronto, en m'ajustant à l'heure normale de l'Est, je devais méditer devant le signet portant l'image de Kwan Yin et demander à la déesse de la Miséricorde de bénir les esprits et de les guider dans l'autre monde. Toute cette histoire d'une cérémonie en laquelle je ne croyais pas, pour me débarrasser d'esprits que je ne voyais pas, m'a donné un sentiment d'immense tristesse. J'aurais voulu être comme Victoria, qui travaillait si fort dans le monde réel, et dont le noyau de force était renforcé par son monde spirituel.

Je résistais à me laisser entraîner dans son monde. Je me cramponnais encore à l'idée que, d'une façon ou d'une autre, on la trompait, que je devais la sauver. Les chiffres que le jeune homme avait écrits représentaient les sommes qu'elle devrait verser en mon nom.

En retournant au Mekong, Victoria m'a tendu cette feuille de papier. Cessant un instant de regarder la route, elle m'a montré le programme de la cérémonie : les chiffres indiquaient le mois, le jour, et l'heure correspondante à Vancouver et à Toronto. Des chiffres. Elle ne pouvait arrêter de sourire. Je me suis demandé qui sauvait qui.

Plus tard cet après-midi-là, assis dans le salon, Larry a enlevé ses lunettes, s'est frotté les yeux et a penché la tête vers moi. Je lui ai raconté ce qui s'était passé, je lui ai dit que le jeune moine en formation avait l'âge de Philip, la même stature, les mêmes yeux, les mêmes pommettes hautes.

« Eh bien, Sonny. » Il a hésité, remis ses lunettes et a froncé les sourcils. « Il t'arrive de penser à… » Il a fredonné l'air de *Twilight Zone*. « … la *ré-in-car-nation* ? a-t-il terminé d'une voix plus grave.

— C'est stupide», ai-je répondu, troublé par le désir qui me perçait le cœur, un douloureux désir de rendre l'impossible vrai, de revoir Philip et qu'il soit vivant.

Mais quand j'ai vu Larry qui riait, plié en deux, postillonnant, donnant des coups de poing dans les coussins du canapé, je n'ai pu m'empêcher de rire, moi aussi.

✦

Le dernier jour que j'ai passé à Vancouver, j'avais un autre rendez-vous au Mekong avec Larry. Après avoir quitté le temple quelques jours plus tôt, j'avais posé à Victoria une dernière question qui l'avait déconcertée.

«Victoria, avais-je prudemment commencé, je fréquente votre restaurant depuis presque cinq ans. Depuis combien de temps ces fantômes m'accompagnent-ils?

— Que voulez-vous dire, monsieur Wayson?

— Pourquoi ne se sont-ils pas manifestés avant?»

Apparemment, la fameuse Artemis avait fourni une réponse que Victoria avait désespérément envie de révéler. Quant à moi, j'échouais à débusquer la grande escroquerie; jusqu'à présent, personne ne m'avait demandé un sou.

Sans crier gare, au moment où j'allais sortir de chez Jake et Alice pour me rendre au restaurant, la nature a frappé. La maison a tremblé avec un bruit assourdissant.

Un nuage d'orage a avalé le soleil et toute la cuisine a été plongée dans le noir; une pluie de grêlons est tombée en rugissant, bondissant des toits et roulant sur le sol comme des billes. Le tonnerre a grondé à faire vibrer les vitres pendant quelques secondes, puis tout est redevenu calme. Le soleil est revenu. La maison était de nouveau silencieuse. J'ai regardé dehors et vu les grêlons qui roulaient sur la terrasse. Je me suis hâté de sortir pour aller retrouver Victoria.

J'ai frappé à la vitrine du Mekong, essuyé la vitre mouillée pour voir si Victoria était à l'arrière. Je l'ai vue : elle avait l'air de venir de s'écrouler sur une des chaises. Elle s'est redressée, a couru à l'avant du restaurant et a déverrouillé la porte.

« Monsieur Wayson », a-t-elle dit en m'agrippant le bras. Elle m'a conduit vivement vers la table du fond. « Vous avez entendu ? L'éclair ? Le tonnerre ?

— Oui, mais vous allez bien ? »

Je l'ai fait s'asseoir et j'ai tiré une chaise à côté d'elle.

« Non, non », a-t-elle dit. Elle était manifestement troublée. « Vous avez entendu ça ?

— Calmez-vous, Victoria. Reposons-nous un moment, d'accord ? »

Elle avait été une réfugiée de la guerre du Vietnam : la pluie de grêlons sur les toits de voiture avait dû l'assommer. Elle s'est mordu la lèvre, mais elle n'a pu se retenir.

« Artemis m'a dit de vous dire qu'ils vont revenir avec vous.

— Revenir ? Qui ? Je ne comprends pas, Victoria.

— Vous avez demandé depuis combien de temps ils étaient avec vous. »

C'était à mon tour d'être étonné.

« Artemis dit que les deux fantômes vont revenir avec vous. Elle dit que vous allez mourir et revenir avec eux. Le saviez-vous ?

— Non. »

Impossible, voulais-je dire, mais j'ai ravalé les mots.

Quelqu'un a ouvert la porte arrière et est entré : c'était le cuisinier qui arrivait pour préparer la cuisine et entreprendre la journée. Les joues de Victoria ont retrouvé leur couleur. La lumière du soleil se déversait par les portes-fenêtres à l'avant. Je lui ai demandé de remercier Artemis encore une fois, et nous nous sommes levés pour nous dire au revoir.

« Soyez prudent, monsieur Wayson. Revenez sain et sauf. Pas de fauteuil roulant. »

J'ai ri un peu et je l'ai serrée dans mes bras.

⤝

Pendant le vol du retour, j'ai agrippé l'accoudoir, pensé à mes fantômes, et me suis demandé s'il se pouvait que la mort ne soit pas une fin.

À Toronto, j'ai participé aux rituels de prière prévus pour ces deux esprits dans le temple de Vancouver. Dans ma chambre au grenier, j'ai parlé à l'image de Kwan Yin et je lui ai demandé son aide. Craignant que l'encens ne déclenche une crise d'asthme, j'ai allumé trois bougies, comme Victoria me l'avait recommandé. J'ai supplié les deux fantômes de s'en aller ; je me suis entendu leur dire que je les rejoindrais bientôt. Tandis que la flamme des bougies clignotait, j'ai pensé à l'enfant qui avait été élevé dans une communauté de raconteurs obnubilés. Je ne me sentais ni fou ni hypocrite de vivre jusqu'au bout cette heure de calme. J'éprouvais plutôt du respect pour quelque chose que je ne pouvais pas tout à fait expliquer.

J'ai humecté mon pouce et deux doigts et éteint chacune des bougies. Je ne crois toujours pas aux fantômes, mais j'avoue que je leur parle. J'écris à leur sujet. Ils me hantent. Je ne les laisserai pas s'en aller.

⤝

En novembre, j'ai traversé l'océan jusqu'à Sienne où j'ai eu le plaisir d'enseigner dans un lieu légendaire. Chaque matin, depuis la fenêtre de ma chambre d'hôtel, je contemplais San Gimignano avec ses tours de garde en ruine, les collines toscanes et les vignes qui se dessinaient dans la brume. Après les cours, j'explorais des autels éclairés aux chandelles, des cathédrales dont les saintes reliques et les fondations de pierre étaient plus vieilles que le chagrin. J'errais dans des chemins pavés et d'étroits sentiers qui ondulaient entre les hautes murailles des cours et des piazzas désertes. Profondément gravé dans une tablette de pierre, j'ai découvert un fragment de la conclusion de *La divine comédie* de Dante: «L'amour qui mène le soleil et les autres étoiles.»

Après mon séjour à Sienne, je suis rentré chez moi, mes valises pleines de cadeaux et de papier à lettres italien. Je me suis frayé un chemin dans la foule de l'aéroport. Debout sur mes deux pieds, j'ai hélé un taxi. Je n'avais pas besoin de fauteuil roulant. Du moins, *pas maintenant*, ai-je pensé.

Chapitre 15

Après avoir passé beaucoup de temps à réécrire frénétiquement, chapitre après chapitre, *La montagne d'or*, j'ai
enfin mis le point final à mon roman. La dernière version
débordait d'inquiétudes et de questions sur le sens de la
famille, sur l'amour et sur la présence des fantômes, comme
si ce que j'avais vécu au cours des deux dernières années était
devenu une part essentielle de mon écriture.

« J'aurais pu rater tout ça », me suis-je dit après avoir écrit
la dernière page.

La montagne d'or a été publié en 2004, juste à temps
pour être candidat au prestigieux prix Giller, dont j'ai été
un des finalistes.

J'étais chez moi, debout près du comptoir de la cuisine,
quand le téléphone a sonné et c'est ainsi que j'ai appris la nouvelle. Je venais de feuilleter, au hasard, un cahier du *Globe and
Mail* et j'avais vu le portrait de Françoise Sagan, auteure de
Bonjour tristesse, étalé sur une demi-page. Un *signe*. Incrédule,
j'avais contemplé le jeune visage de faon qui me rendait mon
regard, et lu les mots : *Françoise Sagan... Auteure... Morte à
69 ans.*

Ses pommettes hautes étaient telles que je me les rappelais la
première fois que je l'avais vue, en manteau de léopard, dans le
magazine *Life*. À dix-sept ans, elle avait écrit un roman de cent
vingt-cinq pages. À vingt et un ans, son premier livre était un
succès international. L'air résolu, elle se tenait à côté de son prix,
sa main d'écriture posée sur l'aile de sa Jaguar rouge flamme.

Des signes. J'avais regardé cette photo un demi-siècle auparavant, à Belleville, en Ontario. Fils de parents qui géraient leur premier restaurant de *fish and chip* sur le Footridge, j'avais alors quinze ans, j'étais en dixième année dans la classe d'anglais de mademoiselle Shantz à l'école secondaire Quinte, et je m'étais dit: *Je veux être écrivain.*

Au gala tenu à l'occasion de la remise du prix dans l'une des somptueuses salles de banquet de l'hôtel Four Seasons à Yorkville, j'étais encadré par Mary Jo et Martha, ma directrice littéraire, toutes deux ravissantes dans leurs robes de soirée. À la fin de l'événement, nous nous sommes tous levés pour ovationner joyeusement la lauréate: «Alice Munro! Pour *Fugitives*!»

Plus important encore que toutes les bonnes et mauvaises critiques à venir, plus important que le fait de gagner ou non un prix, cette nomination m'a brusquement ramené à la réalité: *Je peux écrire.*

Cet automne-là, *La montagne d'or* s'est retrouvé sur la liste des best-sellers. Survolté, j'ai entrepris une tournée de promotion qui a duré jusqu'à l'été 2005.

Je ne regardais pas en arrière, je n'écoutais pas ceux qui me disaient que je devais *me reposer, dormir davantage, me détendre, prendre de vraies vacances.* Il y avait tant à faire, et je venais de signer un contrat pour deux livres, un contrat de «six chiffres», comme on le disait dans la publicité. Je voulais continuer.

J'ai essayé d'ignorer ma respiration qui était devenue de plus en plus laborieuse et sifflante. Je sentais mes poumons se serrer. Je sentais mon cœur battre comme un tambour quand j'oubliais de prendre mes médicaments. J'avais récemment franchi la limite et j'étais désormais un diabétique de type 2. Mais je continuais de travailler avec Rami, même si nos séances étaient souvent interrompues : mon horaire surchargé m'a obligé à annuler une, puis deux ou trois semaines d'entraînement. J'ai demandé plus d'exercices à faire afin de compenser pour les séances que j'avais manquées. Je sentais une oppression dans ma poitrine, mais j'attribuais cela à l'excitation que j'éprouvais à me maintenir à la hauteur de Rami. Je ne lui ai rien dit. J'étais tout simplement fatigué.

D'ailleurs, je ne ressentais jamais de douleur. Si je retenais mon souffle pendant cinq secondes, si je me reposais sur un banc pendant quelques minutes, si j'utilisais ma pompe, je me sentais bien. *Pollen... Allergies...* Encore une bouffée, et je pourrais de nouveau respirer facilement.

En septembre 2005, des montagnes de notes de recherche, des collections de plus en plus importantes avaient de nouveau envahi ma chambre ; je trébuchais sur les livres empilés sur le plancher, sur les caisses de vêtements que je planifiais de déballer pour le temps froid de l'automne. Tout était éparpillé et exigeait de l'attention. Je voulais juste m'en aller pour un mois. J'ai appelé la seule personne capable d'organiser mes affaires comme si elle appréciait le défi. Ken m'a assuré qu'il remettrait les choses en ordre si je lui donnais une clé de la maison.

Et où irais-je ?

J'ai pensé à Françoise Sagan dans sa petite chambre d'étudiante, qui tapait sur sa machine à écrire, son manteau de léopard jeté sur le sol comme un tapis, les doubles volets grands ouverts laissant entrer le bruit de la circulation de Paris. Pourquoi pas l'équivalent romantique pour *moi**[1] ? N'avais-je pas été trop occupé à faire des lectures et à participer à des activités de bienfaisance ? Ne méritais-je pas une pause loin de cette ville brumeuse et de mes piles de choses ?

Tombé du ciel, Patrick, le directeur photo de notre film sur Confucius, m'a téléphoné. Nous avions gardé le contact et, depuis deux ans, il m'appelait parfois de Calgary, où il vivait. Mais nous n'avions jamais réussi à nous voir quand il venait à Toronto.

«J'habite à Montréal dans un endroit très sympa, m'a-t-il annoncé. J'ai pensé à toi tout à coup. Il me semble qu'il est à peu près temps de nous retrouver. Qu'en dis-tu ?»

Il m'a parlé d'une chambre libre dans la maison où il logeait. Il y avait un bureau ancien, un lit à deux places et une fenêtre qui donnait sur d'élégants balcons en fer forgé de l'autre côté d'un petit parc. *Parfait.*

«Compose ce numéro dans trente minutes, m'a-t-il dit. Je vais informer la propriétaire que tu es intéressé. Elle s'appelle Danielle et elle est écrivain.»

La voix musicale à l'autre bout de la ligne m'a paru un peu sèche quand j'ai demandé si elle accepterait de louer la chambre pour quelques semaines.

«Je suis désolée, *non, non**, vous devez savoir qu'il est *nécessaire* de payer le mois au complet. *Oui ?*

— Très bien.

— Vous m'enverrez un chèque, oui ?

---

1.   Les mots en italique suivis d'un astérisque sont en français dans le texte.

194

— Oui, et j'ajouterai un de mes livres si vous lisez l'anglais. Lisez-vous l'anglais?

— Oui, oui, mais pas beaucoup. Je le lirai, merci.»

Je suis arrivé par le train, lesté, comme d'habitude, de trois valises contenant ma panoplie de stylos et de tampons encreurs, des livres utiles sinon indispensables, mon ordinateur portable, mon imprimante, mes vêtements et mes… J'ai confié le fardeau au chauffeur de taxi. Il a lu l'adresse sur mon bout de papier et nous avons roulé cahin-caha dans des rues pavées. La maison était discrètement située dans une ruelle tranquille près de l'intersection des rues Mont-Royal et Saint-Denis, très achalandées. J'ai gravi l'étroit escalier de bois et, à la dernière marche, j'ai dû utiliser ma pompe. J'ai sonné.

Danielle a ouvert une première porte, puis une autre, et nous sommes entrés dans un salon propre et bien éclairé; nous nous sommes arrêtés quelques minutes pour me laisser examiner la pièce: les tableaux sur les murs, les fauteuils et le canapé confortables, les planchers de bois franc étincelants. Danielle était plus grande que la plupart des femmes, et très belle, un peu comme la jeune Maggie Smith [1]. J'ai retiré mes chaussures.

«Nous allons voir la chambre, oui?»

Elle a pris la mallette contenant mon ordinateur et m'a précédé dans l'escalier. J'ai ramassé mes valises une par une et l'ai suivie d'un pas pesant. Nous sommes montés à l'étage. Elle s'est dirigée vers la dernière porte et l'a ouverte. Un gros chat gris argent a détalé et a foncé à côté de moi dans l'escalier.

« *Voilà**!»

J'ai failli m'étouffer. Je suis très allergique à certains chats. Mais avant que j'aie pu mentionner le problème, Danielle a

---

1.   Comédienne anglaise née en 1934.

fait un geste pour m'inviter à la suivre. Elle a ouvert l'unique fenêtre de la chambre et une brise de fin d'été est entrée à travers les voilages ; les minces rideaux se sont gonflés et ont volé dans les airs, me révélant la vue. Parfait. Ma chambre était parfaite, exactement comme Patrick me l'avait décrite. Un vieux bureau qui avait connu des jours meilleurs se trouvait devant la fenêtre ouverte, dont l'encadrement était juste assez large pour permettre à une personne de grimper sur le balcon de fer forgé en cas d'incendie. Une vieille chaise de bois reposait humblement à côté du bureau, évoquant celle que Van Gogh avait peinte dans sa chambre à Arles.

Bien qu'épuisé par mon voyage en train de Toronto et le trimballage de mes valises dans deux escaliers, je me suis soudain senti inspiré. Je me suis imaginé en train d'écrire à mon ordinateur portable une prose impeccable, du crépuscule à l'aube. Danielle a souri en voyant que la chambre me plaisait.

«Vous voulez voir la salle de bains, oui ?

— *Oui, madame** », ai-je répondu, épuisant presque tout mon vocabulaire français.

J'étais assez sûr que *madame** était le terme qui convenait pour une femme de sa maturité. Quel âge avait-elle ? Trente et quelques années ? Quarante ?

«Je crois que je vais faire un peu de ménage.

— Bien sûr, bien sûr ! Appelez-moi Danielle, je vous en prie, monsieur Shoi !

— Appelez-moi Wayson.

— Oui, Way-sen, bien sûr, bien sûr ! J'aime tellement votre nom sur la couverture du livre… Way-sen Shoi ! Patrick m'a tellement parlé de vous, Way-sen.

— Et il m'a dit que vous écrivez de la poésie.

— *Oui, oui** ! Mes poèmes seront bientôt publiés dans une importante anthologie.

— Toutes mes félicitations. Patrick m'a dit que vous lisez très bien l'anglais.

— Oh! *non, non**... mais juste assez pour comprendre!»

Elle a gentiment indiqué mon livre sur la table dans le corridor.

«Vous me le dédicacerez plus tard... quand nous nous connaîtrons mieux?»

J'éprouvais de plus en plus de sympathie à son égard.

«Et vous, Way-sen, vous lisez le français?

— Non», ai-je avoué, me rappelant aussitôt que j'avais à peine suivi, avec une impudente servilité, mon seul et unique cours de français en onzième année.

«Quand même, oui, oui! s'est-elle écriée en riant. On va s'entendre!

— Oh! Danielle, ai-je commencé sérieusement, sentant mes yeux commencer à picoter. À propos de ce gros chat...

— Willy? Mon seul et unique grand, *grand* ami? Ah! Je vois. Vous êtes allergique?

— Non, pas toujours. Nous avons aussi une chatte. Je me suis habitué à elle. Mais je ne peux laisser celui-ci entrer dans ma chambre. Juste au cas où.

— Bien sûr, *jamais, jamais!* Je dirai à Willy de ne pas le faire. Gardez votre porte fermée, Way-sen. Nous allons tous nous entendre, oui?»

🪶

La seule fois où le grand Willy s'est retrouvé dehors, les portes fermées, il est entré par la fenêtre de ma chambre au milieu de la nuit, me fixant de ses yeux jaunes avec une intensité que j'ai à tort prise pour de l'affection, et il a décidé de dormir au pied de mon lit. J'ai passé la nuit à renifler. Le jour, il évitait ma chambre, même si je laissais la porte grande ouverte. Comme Danielle le disait souvent en haussant délicatement les épaules : *Qui peut expliquer l'amour ?*

J'ai cru que mon nez et mes yeux s'habitueraient à Willy, que je devais cesser de passer tout ce temps à jouir de la compagnie de Danielle et à faire toutes ces siestes. J'étais en train de me transformer en un personnage des pièces de Michel Tremblay : tout me rappelait mon enfance. Quand Danielle a fait jouer la musique d'un récent film espagnol, j'ai pensé au vieux Chinatown et à l'opéra cantonais. Les voix s'élevaient et s'abaissaient, les violons chantaient, les tambours grondaient et l'orchestre entonnait un rugissement passionné. Fermant les yeux, j'ai vu des guerriers d'opéra cantonais tourbillonner dans leurs costumes scintillants, commencer à danser le tango. Je me suis réveillé en sursaut. Danielle a dit que j'étais trop fatigué, que je devais aller me coucher.

Seul dans ma chambre, je me suis rappelé pourquoi j'étais venu dans cette métropole littéraire d'Yves Beauchemin, de Mordecai Richler, de Marie-Claire Blais et de Leonard Cohen. Pour absorber leur puissance descriptive, j'ai relu les passages où ils parlaient de Montréal, mais il ne servait à rien de me mentir : je n'avais pas tapé un seul mot sur le clavier de mon fidèle portable. Je n'avais pas été capable de lire plus de deux ou trois pages sans tomber endormi, que ce soit le matin, le midi ou le soir.

Les moments que je passais avec Danielle me distrayaient. En plus de parler de livres, d'écrivains, de pièces de théâtre et de films, nous avons osé partager des histoires intimes. Danielle aimait prendre des risques et nos conversations me redonnaient une illusion de jeunesse : j'avais devant moi tout le temps du monde pour finir un livre. Je le voulais.

«Comment va l'écriture?» m'a demandé Patrick en entrant dans la maison avec son sac de voyage, interrompant

Danielle au milieu d'une phrase. Une fois de plus, ses yeux bleus amicaux m'ont captivé.

«Formidable, ai-je répondu. Cet endroit m'inspire vraiment beaucoup.

— *Oui, oui**, a renchéri Danielle. Way-sen écrit tout le temps dans sa chambre, la porte fermée.»

À côté de moi, Willy s'est renversé sur le dos, a fermé les yeux, croisé ses pattes devant lui, comme s'il priait.

«Vous voyez, Patrick? s'est exclamée Danielle sur un ton théâtral. Willy bénit Way-sen!»

Willy prie pour moi, ai-je pensé. *Il sait que mon esprit recule et que je n'ai rien écrit.*

Quand Nina est enfin arrivée, entrant allègrement par la porte avant et me réveillant de mon somme sur le canapé, elle m'a salué comme un vieux voisin. C'était la femme de Patrick; ils géraient une société de production à Calgary et elle avait pris l'avion pour venir passer dix jours de vacances avec lui. Elle était aussi jolie que je l'avais imaginée — yeux noirs, menue, jeune beauté élégante de l'Asie du Sud-Est. Nous nous sommes aussitôt étreints.

Frustré après ces jours et ces nuits devant un écran vide, j'avais besoin d'une pause, moi aussi. J'ai décidé, comme Patrick me l'avait demandé, de passer une journée avec Nina — experte en magasinage — pendant qu'il était en tournage. «Juste du lèche-vitrine», a-t-elle dit. Cette journée s'est multipliée et nous en profitions souvent pour déguster un repas exquis dans un café du boulevard Saint-Laurent. Nina avait le don de trouver de belles choses à bas prix, surtout des vêtements et des chaussures, qui lui allaient à ravir.

Mon dernier jour à Montréal, nous avons trouvé la boutique que nous cherchions dans une ruelle discrète tout près de la rue Saint-Denis.

«Je vous en prie, dites-moi ce que vous aimeriez voir», a dit la femme derrière le comptoir. Elle a fait un geste vers une belle collection de bagues et de bracelets scintillant dans la lumière de l'après-midi. Nina a vu que j'étais fasciné par un bracelet représentant les têtes féroces de deux dragons cornus soudées ensemble. Suivant mon regard, la vendeuse a sorti le lourd bracelet de la vitrine et l'a déposé dans ma main. L'objet était fait pour moi.

«Les dragons sont un de mes signes, ai-je dit. D'habitude, ils m'apportent de la chance.»

Nina était ravie de me voir si heureux. «On dirait deux dragons porte-bonheur pour le prix d'un.»

J'ai jeté un coup d'œil au prix indiqué sur l'étiquette: un très bel objet d'art, mais pas vraiment une aubaine.

«J'adore les dragons et les papillons!» s'est exclamée Nina. Elle a sorti sa carte de crédit. «C'est pour te remercier du papillon en origami que tu as donné à Patrick pour moi à Qufu. Tu te rappelles?» Elle m'a pris le bras et a relevé ma manche. «Certaines choses nous sont destinées, a-t-elle ajouté en refermant doucement le bracelet autour de mon poignet. Patrick et moi voulions t'offrir quelque chose. C'est de nous deux, Wayson.

— Mais c'est trop, ai-je protesté. Je ne peux...»

Elle m'a interrompu par un baiser sur la joue.

«*Très beau!*» a dit la vendeuse en applaudissant.

J'aimais la sensation fraîche du gros anneau d'argent sur mon poignet, mais j'aurais dû le remarquer: les dragons à la gueule ouverte étaient face à face, un signe, un avertissement explicite des moments captivants qui m'attendaient.

Épilogue

J'étais au téléphone avec Sharon, la réceptionniste du docteur David. J'avais quitté Montréal à contrecœur trois jours plus tôt et j'étais rentré chez moi épuisé. En m'entendant haleter, Sharon a transmis mon appel à son patron.

Il m'a demandé ce qui n'allait pas. J'ai commencé à lui parler de mes difficultés respiratoires, mais je toussais trop pour finir mes explications.

«Peux-tu venir tout de suite?» Ce n'était pas une demande, c'était un ordre.

À mon arrivée, Sharon a appuyé sur l'intercom et David est entré dans la salle d'attente. Je ne me suis pas arrêté pour m'asseoir avec les sept ou huit patients qui attendaient leur tour.

Dans la salle d'examen, après m'avoir rapidement ausculté avec son stéthoscope, après avoir secoué la tête pour me faire comprendre qu'il allait être très sérieux, David m'a gentiment entouré les épaules de son bras et s'est penché vers mon oreille.

«Wayson, a-t-il dit, je ne veux pas que tu paniques, mais tu sembles sur le point de faire un infarctus. En ce moment, tu as de l'angine instable.

— Non, non, ai-je protesté en agitant mon poignet entouré de têtes de dragon. J'ai seulement besoin d'une pompe plus puissante. Une de celles dont on parle dans...»

Ma grosse toux m'a de nouveau interrompu.

«Mon asthme, j'ai les poumons oppressés et...

— *Wayson!* Tu es l'écrivain, tu te rappelles? Le médecin, c'est moi. Tu as compris?»

J'ai fait signe que oui.

«Tu vas te rendre aux urgences de St. Michael's avec ce papier.»

Une fois là-bas, j'ai donné ce papier à l'infirmière. Sans même regarder ma carte d'identité, elle m'a fait entrer en vitesse dans une salle d'examen.

Karl venait d'arriver. En repensant à la dernière fois où j'étais là, je lui ai demandé d'appeler Marie, Jean et Gary. L'infirmière m'a tiré par la manche. «Tout va bien aller», ai-je dit à Karl. Il m'a enlevé mon bracelet d'argent; les têtes cornues m'ont regardé avant de disparaître dans la poche de Karl. «Ça ne peut pas être si grave que ça. Je ne sens rien. Regarde, on dirait que ma toux s'est calmée.

— Wayson, a-t-il dit, sans presque écouter ce que je disais, tu dois aller avec l'infirmière. *Tout de suite.*»

On m'a entraîné par des portes battantes jusqu'au service des examens. La personne qui m'avait conduit en me tenant par la main s'est arrêtée et a commencé à déboutonner ma chemise. J'ai voulu l'aider.

«Ne bougez pas, monsieur Choy.

— Vous savez, ai-je objecté, j'ai seulement besoin d'une pompe plus puissante, une de ces nouvelles...»

Elle a crié quelque chose que je n'ai pas vraiment compris. On m'a conduit dans une salle d'isolement, où se trouvait le seul lit disponible. À ma droite et à ma gauche, des gens gémissaient. Une odeur familière d'antiseptique a assailli mes narines. Une femme médecin est aussitôt apparue pour vérifier mes signes vitaux. Le stéthoscope était froid sur ma poitrine. Elle a secoué la tête et m'a dit de m'asseoir sur la civière. Tout en m'aidant à enlever ma chemise, elle a hurlé: «Code bleu! Code bleu!»

Absurdement, je suis resté calme. C'était sans doute une montée d'adrénaline qui m'empêchait de paniquer. Comme si j'étais sur un plateau de cinéma, j'imaginais que Gregory Peck, un missionnaire écossais, ou bien que le docteur Rock Hudson apparaîtrait bientôt pour me sauver. L'infirmière est revenue et elle a fixé une bande sur mon poignet, là où j'avais porté le bracelet. J'ai obéi aux directives et j'ai aspiré de la nitroglycérine, m'attendant à une réaction explosive. Rien, pas même un frisson. Après cinq inhalations, toujours *nada.* J'étais déçu. Mais la docteure était apparemment satisfaite : ce qu'elle avait entendu dans son stéthoscope était maintenant acceptable.

« Puis-je rentrer chez moi, maintenant ? ai-je demandé.

— Pas tout de suite, monsieur Choy. »

Son visage d'ébène luisait.

« Ne vous inquiétez pas. Nous allons informer votre ami dans la salle d'attente que vous allez en haut pour passer d'autres tests.

— Je me sens bien, ai-je insisté. Je n'avais besoin que d'une pompe plus puissante. »

Elle m'a regardé droit dans les yeux. « Non, vous avez besoin de soins plus sérieux. Éprouvez-vous de la douleur dans votre poitrine ? » Elle a commencé à remplir un formulaire officiel.

« Non, ai-je répondu. Juste un peu d'oppression, comme avant.

— Êtes-vous diabétique ?

— De type 2. »

Elle a été appelée ailleurs avant d'avoir pu m'expliquer pourquoi ma réponse l'avait manifestement troublée. L'infirmière est entrée, a lu le feuillet d'instructions que le médecin avait épinglé à ma civière, a constaté que le nom sur le bracelet d'identité qu'elle tenait correspondait au nom et aux chiffres écrits sur le feuillet. Une autre légère bande de plastique a été enroulée et fixée autour de mon poignet. Un aide-soignant a déverrouillé les roues de ma civière et m'a poussé dans un grand couloir.

«Ne bougez pas, monsieur Choy. Pouvez-vous faire ça pour moi?»

J'avais déjà vu ce film: aveuglé par son ego, se croyant invincible parce qu'il avait déjà échappé à la mort, le héros était vaincu par sa propre complaisance fatale: des aliments riches et délicieux, une vie pleine d'obligations et d'échéanciers non respectés, une chambre en désordre…

«Essayez de ne pas bouger, monsieur Choy, a dit une autre voix. Nous reviendrons dans quelques minutes. Nous allons vous brancher à un moniteur.»

On m'a laissé dans une chambre silencieuse et vide. Pour me distraire, j'ai passé mon pouce sur le bracelet de plastique. Une horloge tictaquait bruyamment. Je n'avais pas grand-chose d'autre à faire que de rester allongé, immobile, acceptant l'idée que j'allais m'incruster ici et manger de nouveau de la nourriture d'hôpital, méditer sur la mortalité et attendre que les choses explosent.

Le lendemain, mon amie Janet est venue me voir à l'unité des soins cardiologiques. Son copain, un infirmier appelé Craig, a pu confirmer que je ferais l'objet de nouveaux examens sous anesthésie locale. J'ai reconnu la description. J'avais déjà passé une angioplastie.

«Monsieur Choy, m'a dit Craig en consultant mon moniteur de pression sanguine, votre cœur n'a pas éclaté, vous avez eu de la chance. Vous rappelez-vous que, d'après le médecin, quatre-vingt-quinze pour cent de votre artère principale est bloquée?»

On m'avait administré des médicaments pour me préparer à une intervention chirurgicale. À moitié endormi, j'ai hoché la tête dans le vague.

« Que va-t-il se passer ensuite ? » a demandé Janet.

J'ai entendu Craig soupirer avec éloquence. « Voilà, a-t-il répondu. Il va avoir un quadruple pontage. Demain. » Il s'est penché sur la ridelle de mon lit et m'a fait un grand sourire. « Pas de souci, monsieur Choy. On ne fait pas souvent de quadruples, mais ils sont plutôt sans danger de nos jours. »

Debout de l'autre côté du lit, Janet m'a montré les épreuves que j'avais lues pour Random House. Elle allait m'aider à écrire quelques mots d'éloge. Le titre et l'illustration sur la page couverture étaient à la fois inhabituels et ironiques, vu mon état. On voyait un cœur humain avec ses veines d'où s'écoulaient des gouttelettes de sang.

« Qu'est-ce que c'est ? a demandé Craig en lisant le titre sur les épreuves. *Bloodletting and Other Miraculous Cures*[1]. Que Dieu nous vienne en aide ! »

Quand j'ai eu fini de dicter mon texte de présentation à Janet, Craig s'est approché.

« Ne regardez pas, monsieur Choy, a-t-il dit en levant une seringue. J'ai une petite piqûre pour vous.

— Pourquoi ?

— On va vous faire un quadruple pontage demain matin. Vous vous rappelez ? »

Je sais qu'ensuite mon esprit a émergé à travers un brouillard de visages. « Wayson, reviens, me disait Marie. Tu l'as déjà fait.

1. Recueil de nouvelles de Vincent Lam, lauréat du prix Giller en 2006.

— J'y compte bien. »

C'était une voix forte, et j'ai reconnu celle de mon amie Betty.

«Tu dois vivre assez longtemps pour faire toi-même le ménage de ta chambre.

— Seigneur! s'est écrié Karl. Cela veut dire qu'il ne mourra jamais.

— Jamais», a renchéri Gary.

Ils ont tous fait semblant de rire, pour me faire croire qu'ils ne doutaient absolument pas du résultat de l'opération. Mon cœur a ri avec eux.

«Qu'est-ce que tout ça signifie, Tosh?» ai-je demandé à moitié pour plaisanter. Ma patiente filleule se trouvait pour la deuxième fois à mon chevet. Elle a touché mon front pour voir si j'avais de la fièvre — indubitablement un tic d'infirmière — et a examiné mes yeux pour voir à quel point les médicaments avaient affecté ma conscience. On m'avait enlevé quelques tubes, ce matin-là. J'éprouvais une douleur dans ma poitrine.

«Je ne sais pas ce que tout ça veut dire, m'a-t-elle répondu. En tant qu'infirmière, je vois tout, tout: la naissance, la vie, l'indescriptible souffrance, la mort, les guérisons miraculeuses. Nous ne devrions peut-être pas poser trop de questions. Est-ce important pour toi qu'il y ait ou non une réponse définitive?»

Son contact m'a réconforté et j'ai fermé les yeux. Je me suis rappelé une fois où j'étais assis dans un grand transat sur sa terrasse à Tucson. Je m'étais brusquement redressé en entendant un bourdonnement saccadé, de plus en plus fort, si fort que, dans ma confusion, je m'étais demandé s'il venait de l'intérieur de ma poitrine ou s'il était dans mes oreilles. Quelque temps s'était écoulé depuis ma dernière crise, et c'était exactement ce son vibrant qui me revenait en flash-back, la plupart du temps quand j'étais à moitié endormi. Cette fois, j'étais pourtant complètement réveillé. J'avais agrippé ma poitrine, mais je ne sentais aucune douleur. Tosh avait fait glisser les portes de verre coulissantes et m'avait rejoint dans le patio.

« Un problème, Wayson ?

— Je... Tu entends ce bruit, toi aussi ?

— Oui. Écoute-moi bien. Tourne lentement la tête vers la droite. Pas trop vite. Ne bouge pas trop vite. »

J'ai tourné la tête et j'ai vu le corps en forme de boule d'un colibri qui fonçait à reculons, puis, comme dans un brouillard, ses ailes qui tournoyaient et cliquetaient, puis l'oiseau qui se projetait vers le haut et vers le bas.

Tosh a pointé le doigt au-dessus de ma tête.

J'avais par hasard repoussé mon transat et son dossier se trouvait maintenant directement sous la mangeoire. L'oiseau frénétique me faisait signe de m'éloigner de son territoire. J'ai bougé le fauteuil un pied plus loin. L'oiseau a émis un genre de bip et a recommencé à se nourrir.

Tosh et moi sommes restés assis en silence. Plus haut, de son côté, j'ai aperçu un deuxième colibri qui bourdonnait devant la porte coulissante, qui fonçait vers son propre reflet dans la vitre. Sa poitrine avait des reflets rouges et orangés. Il a fini par se jeter en avant, s'écraser contre la vitre et s'effondrer sur la terrasse. J'ai voulu me lever.

« N'y touche pas, m'a dit Tosh. Il va récupérer et s'envoler. »

Le petit tas iridescent sur le sol a remué. L'oiseau s'est soudain redressé. Les ailes se sont agitées. Le bout des ailes s'est dissous dans un flou frénétique ; incroyablement, le petit corps a monté dans les airs comme une fusée, vers l'arrière, vers l'avant, puis vers le haut et vers le bas. Ayant constaté que sa boussole interne avait repris sa place, il a volé sans peur à côté de ma tête, a mis son bec fin comme une aiguille dans la mangeoire, avec l'autre colibri moins coloré. La vie continuait, comme d'habitude.

« L'hiver, ils émigrent à cinq cents milles d'ici, m'a expliqué Tosh. Ils se rendent jusqu'en Amérique centrale. Apparemment, ils ne s'arrêtent pas pour se reposer.

— Ils doivent se laisser porter par les courants d'air, ai-je remarqué. Déployer leurs ailes et juste les guider. Celui-ci doit être assez rapide, je suppose. »

Les médicaments me faisaient de nouveau me sentir somnolent. Mes paupières se sont fermées toutes seules. Combien de temps Tosh était-elle restée avec moi cette deuxième fois à St. Michael's ? Je savais que c'était elle qui avait soulevé la mince couverture de flanelle jusqu'à la cicatrice rouge sur ma poitrine, là où on avait retiré mon cœur, elle qui avait tenu ma main entre les siennes, qui avait entrelacé nos doigts et avait longuement serré ma main avant de chuchoter « au revoir » et d'aller prendre son avion pour retourner en Arizona. Je savais que son départ signifiait que j'irais bien. Que je serais la même personne que j'avais été avant de presque mourir, à deux reprises. Que tous mes défauts demeureraient totalement intacts.

Cette nuit-là, j'ai eu l'impression de m'envoler, porté par un courant invisible. Les yeux bien fermés, j'ai vu des mains qui se frôlaient, se multipliant pour devenir des millions, j'ai vu des gestes qui n'avaient rien de spectaculaire, je n'ai entendu résonner aucune trompette ; ensemble, ces gestes tricotaient d'innombrables raisons permettant aux cœurs frénétiques — comme le mien — de reposer en paix contre l'incertitude.

Remerciements

Je voudrais pour commencer exprimer ma plus profonde reconnaissance au personnel, aux bénévoles, aux professionnels, aux infirmières et aux thérapeutes des hôpitaux St. Michael's et Bridgepoint pour les soins vigilants et constants qu'ils m'ont prodigués. Mille mercis au docteur Jerry Zownir et à l'équipe de l'unité des soins intensifs qui se sont occupés de moi en 2001, dans ces moments de crise où, pour la première fois, j'ai frôlé la mort ; je remercie également le docteur David A. Latter et le service de chirurgie cardio-vasculaire de St. Michael's qui m'ont sauvé la vie en 2004. Mes remerciements s'adressent aussi à l'« équipe 5-ouest » de Bridgepoint qui a collaboré avec le docteur Mendl Malkin, à Carol Blackman Weinberg, Robyn Langeraap, Jackie Mofs, Judy Bonham, Dorothy Kawaguchi, Joanne Guy, Sez Laung, Ran Sun, Kimberly Thorpe et à leurs incomparables collègues.

Je remercie les docteurs Duncan Stewart et Beth Abramson. Pour leurs soins constants et leur précieuse amitié, je remercie les docteurs Charmaine E. Lok et Rowena Ridout, sans oublier le docteur David E. Greenberg et son « exceptionnelle réceptionniste » Sharon Fiennes-Clinton, ma consœur en écriture.

Pour leurs avis précieux et les documents concernant les sujets techniques et médicaux, je remercie les docteurs Denise Bowes, Liam Durcan, Helen Holtby ainsi que mes amis les docteurs Au et Norman Talsky, et ma filleule,

Tosh Noseworthy. J'ai pu, d'innombrables façons, bénéficier de l'expérience de cette dernière comme infirmière au Cardiovascular and Medical ICU du Centre médical universitaire de Tucson.

Merci à Denise Bukowski et à Maya Mavjee pour l'appui et l'encouragement qu'elles m'ont accordés d'entrée de jeu. Pour leur aide aux premières étapes de ma recherche, je voudrais remercier Mirella Cirfi, Nancy Delcol, Margaret Hart, Lloyd Peer, Ken Puley, Martha Sheppard, Doris Tallon et Larry Wong. J'aimerais aussi exprimer ma reconnaissance à Wendy O'Brien pour son propre essai, *Telling Time: Literature, Temporality and Trauma*, dans lequel elle conclut : « Si les histoires ne font rien de plus que de nous rendre le sens du temps perdu, d'un temps en dehors du temps, n'est-ce pas suffisant ? »

Pour l'aide qu'ils m'ont apportée concernant des chapitres particuliers, et pour leurs conseils pleins de discernement concernant les premières versions de cet ouvrage, je tiens à remercier Angela Fina, Beth Kaplan, Mary Jo Morris, Wendy O'Brien, Kit Wilson-Pote, Janet Somerville, Betty Thiessen ainsi que Jacob et Alice Zilber. Toute ma reconnaissance à Shawn Oakey, l'un des meilleurs réviseurs du milieu de l'édition, pour la correction des épreuves. S'il reste des fautes, elles sont toutefois obstinément les miennes. De plus, je remercie mes collègues Joseph Kertes, Charlotte Empy et Antanas Sileika pour leurs encouragements et leurs franches critiques. Un merci spécial au dernier qui a vaincu mon angoisse de la page blanche quand il a dit : « La mémoire n'est qu'une autre forme de fiction. » Je remercie Ken Dyba qui s'est attaqué à mes dossiers et à mes documents, et a réussi à les classer.

Certaines personnes ont partagé avec moi leurs expériences avec les signes et les fantômes et je voudrais leur exprimer ici ma reconnaissance. Il s'agit de Jan de Bruyn, du révérend Glen Eagle, de Gene et de Jan Kiss, de S. Lau, de Daphne Marlett, de la vénérable Ann McNeil, de Victoria Pham, de Caroline van Rooyen, de Linda Williams, de Theo Wyne et de Dennis Yandle. Merci à Angela Fina et à la North Carolina Penland School of Crafts qui ont hébergé un auteur; merci à Jacob et à Alice Zilber qui m'ont accueilli à Vancouver comme un membre de la famille, ainsi qu'à ma tante Mary Lowe et à sa famille. Et pour ce merveilleux *pied-à-terre** d'écrivain à Stratford, mes plus sincères remerciements à William Whitehead et à Trevor Green.

Je suis convaincu que mes amis intimes et les membres de la famille élargie se reconnaîtront dans cet ouvrage. À ceux qui n'apparaissent pas pleinement dans ces pages : sachez que j'ai profondément apprécié votre présence quand j'avais le plus besoin de vos vœux, de vos cartes et de vos fleurs. L'arc-en-ciel dessiné par Eyo et les visites dominicales des Lockwood qui m'apportaient le *New York Times*. De même, quand je me suis senti renoncer complètement à écrire ce livre après que mon portable m'eut encore laissé tomber, je remercie Geoffrey Taylor, directeur de l'Authors at Harbourfront Centre qui m'a téléphoné au Massachusetts — *Oui, un signe!* — pour m'annoncer que j'avais reçu le prix du festival Harbourfront. Et pour avoir récupéré mes fichiers perdus, merci à Sil Ferrari du Computer Hospital.

Je voudrais enfin remercier du fond du cœur ma géniale éditrice, Martha Kanya-Forstner, pour son expertise et son indéfectible dévouement.

Grand-mère nous raconta cette his-toire, puis une autre, et chacune d'elles était brève, triste et merveilleuse. Il y avait sept morceaux de jade sculptés en forme de symboles antiques. Nous savions que, pour elle, le plus précieux, de la taille d'une pièce de monnaie, était une pivoine taillée de façon exquise dans un jade translucide blanc et rosé ; ses pétales étaient gravés en un simple relief dans la rondeur parfaite de la pierre. Le dessous était lisse et sans défaut.

Grand-mère dit que la vie en elle-même n'était que perte, douleur et souffrance. Celui qui oserait prétendre le contraire était un fou, s'exclama-t-elle. Puis, elle déclama quelques dictons chinois sur l'amer et le difficile, qui firent sourire père.

« À Chinatown, la moitié du jade vient de morceaux d'os et de chair, dit-elle en rassemblant ses pièces.

— Et l'autre moitié ? demanda Liang en feuilletant un autre magazine de cinéma.

— L'autre moitié, répondit Poh-Poh, est faite de sang. »

La pivoine de jade de Wayson Choy, traduit par Hélène Rioux, est un roman émouvant qui parle de la misère et du sentiment d'exclusion, des difficultés d'adaptation éprouvées par les Chinois transplantés dans un pays qui les accepte mal, du fossé entre les traditions de la Chine ancienne et les manières modernes du Canada. À la fois réaliste et poétique, ce roman est une peinture saisissante d'un monde que nous connaissons peu. Certains passages sont amusants, d'autres nous tirent les larmes. Un récit qui ressemble à la vie même.

Peu importe comment on les tra-duisait, grand-mère ne prenait aucun plaisir à entendre les mots anglais faan gwai, *les mots des démons étrangers, tout en étant manifestement jalouse de mon habileté à déchiffrer les étiquettes complexes des caisses de pommes et des boîtes de conserve. […] l'aïeule se ron-geait les sangs parce que son petit-fils louchait et trébuchait sur les livres de lecture chinois en papier pelure, alors qu'il pouvait lire, même avec un œil fermé, des pages et des pages de comp-tines en anglais; elle déplorait que son petit-fils sans cerveau soit capable de faire avancer son crayon pour écrire dix phrases en anglais plus vite qu'il pouvait enduire un pinceau pour tracer un seul idéo-gramme chinois.*

La Montagne d'or reprend l'histoire de la famille Chen, qui est au centre de *La pivoine de jade*. Le fils aîné, Kiam-Kim, y raconte son enfance et son adolescence dans le Chinatown de Vancouver où il a immigré en 1926, à l'âge de trois ans. À cheval entre deux cultures, il se forge peu à peu une identité qui emprunte à la fois à la Chine ancienne, dont la culture et les traditions sont souvent évoquées par sa grand-mère, et à la vie quotidienne de son quar-tier, dont il se fait le chroniqueur attentif. Avec intelligence et sensibilité, il note autant les habitudes alimentaires de sa famille que l'impact de la crise économique, puis de la guerre, sur ses concitoyens. Un récit dense et touchant sur l'exil et l'identité, mais aussi sur l'art de devenir un homme.

Suivez-nous :

*Achevé d'imprimer en mars deux mille douze
sur les presses de l'imprimerie Gauvin,
Gatineau, Québec*